L'ASTROLOGIE DE MON CHAT

POUR MIEUX NOUS COMPRENDRE

貓咪占星指南

一次搞懂貓咪星座宮位、上升與月亮，
用占星學找到與主子幸福共生的最佳方案

埃里安．亞拉芙
Eliane K. Arav——著
姜盈謙——譯

積木文化

國家圖書館出版品預行編目 (CIP) 資料

貓咪占星指南：一次搞懂貓咪星座宮位、上升與月亮，用占星學找到與主子幸福共生的最佳方案 / 埃里安 . 亞拉芙 (Eliane K. Arav) 著 ; 姜盈謙譯 .
-- 初版 . -- 臺北市 : 積木文化出版 : 英屬蓋曼群島商家庭傳媒股份有限公司城邦分公司發行 , 2022.10
面 ; 公分 -- (Light+ ; 11)

譯自 : L'astrologie de mon chat pour mieux nous comprendre

ISBN 978-986-459-444-3（平裝）

1.CST: 占星術 2.CST: 貓

292.22 111013819

LIGHT 12

貓咪占星指南

一次搞懂貓咪星座宮位、上升與月亮，用占星學找到與主子幸福共生的最佳方案

原文書名／l'Astrologie de mon chat pour mieux nous comprendre

作　　者／埃里安．亞拉芙（Eliane K. Arav）
譯　　者／姜盈謙

總 編 輯／王秀婷
責任編輯／吳欣怡、郭羽漫
版　　權／徐昉驊
行銷業務／黃明雪

發 行 人／凃玉雲
出　　版／積木文化
104 台北市民生東路二段 141 號 5 樓
電話：(02)2500-7696　傳真：(02)2500-1953
官方部落格：http://cubepress.com.tw
讀者服務信箱：service_cube@hmg.com.tw

發　　行／英屬蓋曼群島商家庭傳媒股份有限公司城邦分公司
台北市民生東路二段 141 號 2 樓
讀者服務專線：(02)25007718-9
24 小時傳真專線：(02)25001990-1
服務時間：週一至週五 09:30-12:00、13:30-17:00
郵撥：19863813　戶名：書虫股份有限公司
網站：城邦讀書花園｜網址：www.cite.com.tw

香港發行所／城邦（香港）出版集團有限公司
香港灣仔駱克道 193 號東超商業中心 1 樓
電話：+852-25086231　傳真：+852-25789337
電子信箱：hkcite@biznetvigator.com

新馬發行所／城邦（馬新）出版集團 Cite (M) Sdn Bhd
41, Jalan Radin Anum, Bandar Baru Sri Petaling, 57000 Kuala Lumpur, Malaysia.
電話：(603) 90563833　傳真：(603) 90576622
電子信箱：services@cite.my

封頁設計／曲文瑩
內頁排版／薛美惠
製版印刷／韋懋實業有限公司

【印刷版】
2022 年 10 月 13 日 初版一刷
售　價／NT$ 380
ISBN　978-986-459-444-3

【電子版】
2022 年 10 月
ISBN　978-986-459-445-0（EPUB）

【有聲書】
2022 年 10 月
ISBN 978-986-459-463-4 (MP3)

Printed in Taiwan.

L'ASTROLOGIE DE MON CHAT

POUR MIEUX NOUS COMPRENDRE

貓咪占星指南

一次搞懂貓咪星座宮位、上升與月亮，
用占星學找到與主子幸福共生的最佳方案

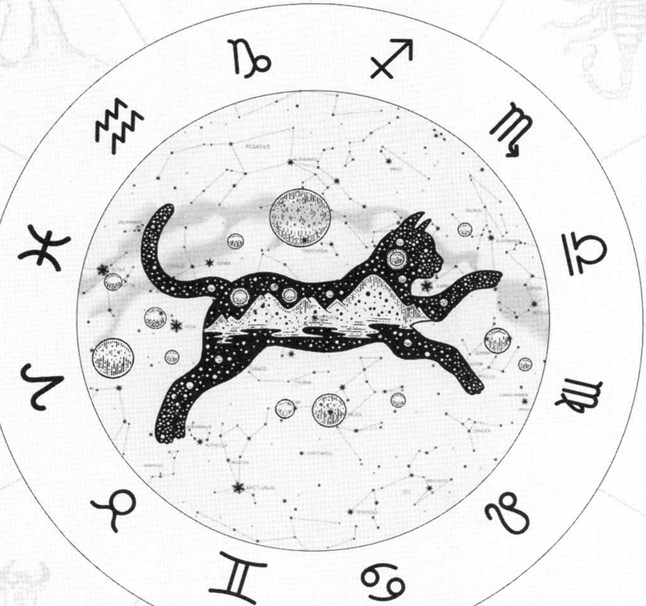

埃里安・亞拉芙

Eliane K. Arav——著

姜盈謙——譯

積木文化

目次

致我所有的貓咪好友，
致我所有友人的貓，
致世界上所有的貓，
致萬千世界裡的貓……

前言

愛，使我們有心靈感應

自從 1960 年代開始，隨著中產階級興起和農村人口外移，飼養寵物才真正地在法國蓬勃發展。

——多米尼克．吉洛（Dominique Guillo）

當名為愛情的飛毯載著我們遨遊時，人類能發展出超越感官的認知能力。於是，我們與所愛的生命心意相連，使我們異口同聲、心有靈犀、深有同感，對方就像「搶我們的話去說」一樣。這個連結彷彿藉由一股不可見的訊號蕩漾而來，將彼此繫在一起，連結逐漸茁壯成長的同時，我們的關係也開花結果、雙方合二為一。人類和所愛貓科動物之間的關係也是如此。一旦繫緊了線，就搭起溝通的橋樑。隨著人與貓情意越濃、對另一方的瞭解越深，於焉發展出心電感應。對於初次遇見的動物們，我也早就在心中升起一種出於本能的親密感。我與動物成為「親密無間夥伴」的方法，便是汲取這種溝通的經驗而來，而且這只會隨著時間不斷增長，以下即是一個真實的案例。

我和奈奈先生（Monsieur Néné）住在一樓的宅院裡，牠是一隻雄壯威武的歐洲灰鼠，有著一雙綠色眼睛的雙魚座。我和牠一起過著濃情蜜意的生活。我們的互動超乎尋常。為了「真正地」討牠歡心——我任由牠走出家門，到外面的花園裡，儘管我恐懼一切的陷阱：各種建築物的大門、電梯、電梯門、訪客和牠可能遇到的壞心居民。牠感應到了我的焦慮，每當我叫喚牠，便會拔腿狂奔，馬上回家。

某天，奈奈先生早上散步回家後，神氣地裝模作樣——如果能如此形容的話，把一件精美的禮物置於我的腳邊：一隻活生生、顫抖著的田鼠。禮物才一落地，牠就消失在家具底下。令人感到不自在、不舒服。我知道，那是他能贈送最棒的禮物，那是牠自己的卡地亞（Cartier）套裝……就算不感謝牠，也不能對牠有任何指責。不過，由於當日稍晚我必須外出，臨走前跟牠說道：「你看著辦吧！不過當我回來時，不想再看到這隻野獸了。」

晚上回家的時候，田鼠的遺體就躺在門口的一邊。奈奈先生在一旁等著我，彷彿是在說：「妳看……我做到妳要求的事情了。」

此案作結。我們享用了一顆美麗的蘋果，作為交流的象徵。因為，沒錯，奈奈先生也是食果動物。我想不起是誰先開始為了討對方開心而吃蘋果，但我們分享了好幾顆……還有番茄、梨子等。

在田鼠事件的幾個月後，壽司小姐（Miss Sushi）來了。在八月十五日的週末，我聽到外面傳來喵喵叫聲。可怕的貓叫聲從住宅的花園裡傳來，我在那邊發現一隻約莫兩個半月大的小貓，既憤怒又絕望，從牠可笑的嬌小身軀全心全意地發出喵叫聲。

在這個小東西面前，我的心立刻融化成一片，我穿過花園回到家裡，邊向牠解釋：

「我舉手贊成接待妳，但奈奈先生也必須接受妳才行。」

這隻十分迷人的小貓——而且還是一隻雌貓，一出現就對奈奈先生施展了魅惑力，牠馬上舒適地和我們住在一起。

如今，壽司小姐年屆二十歲了，牠還是一如既往地喵喵不絕。奈奈先生英年早逝後，牠信心倍增。更重要的是，牠大幅拓展了領土，再也不需要與奈奈先生共享。

此外，牠的溝通能力大幅躍進，這使我意識到，也察覺到——壽司小姐和奈奈先生正好是互補的存在。

自從奈奈先生離開後，壽司小姐就在這安頓下來並成長。牠創造一種全新的、多音階的喵叫聲，令人聯想到某種不可思議的詞彙。當牠使用一些奇異的音階、前所未聞的聲音時，牠彷彿含糊不清地說著好幾種語言。壽司小姐一直很健談（牠是雙子座，多話是牠的基因！）。毫無疑問，多虧牠在當初的花園中展現這個特點，從而得到了救贖——沒人知道牠是如何辦到的。

在一長串連綿不絕的喵聲中，每一聲或一音節，都至少是一個特定的要求：餵我、抱我、妳瞧見我的貓砂盆了嗎、飯後哄我一下吧、我還可以叫妳做些什麼呢？此外，當向牠搭話時，牠總是會給予回應！發出的聲音讓人聽得一清二楚，我們就像兩隻雙足動物之間無止盡的對話。因此，當賓客還在悠哉地待著不走，牠卻覺得派對已經慶祝得夠久了，就會憑空地冒出來，堅定地發出喵嗚聲，怒氣衝天地要求賓客們離開。絕不妥協。

貓占星術簡介

貓不歸我們所有，我們不過是照顧者。

——霍華・P・洛夫克拉夫特（Howard P. Lovecraft）

你理解得沒錯，我是夏爾．波德萊爾（Charles Baudelaire）、業餘愛好者、哲學家和靈媒眼中重要的「貓咪狂熱者」一員。貓對我們而言好比水、暖氣或電一樣不可或缺，貓科動物是我們生命中的鹽。牠們是增進世界和諧的必要幸福補給。單憑牠們的存在，一切就被扭轉和美化，彷彿施加了魔法。牠們是一根神奇的魔杖，賦予和諧感，並加以裝飾與襯托、使之變得舒適或奢華，更勝於一件豪華家具。但別以為你錯失了後者的價值，因為貓咪也是無價之寶。由於牠的要求、獨立性與存在，每隻貓都是珠寶盒裡的一顆寶石，牠生來就懂得如何打點自己。不過情況並非總是如此。在中世紀和這幾十年以來，出於迷信，歐洲的人們在建造房屋時，把黑貓活生生地監禁起來，以保護房子遠離邪靈的干擾。經過祖先的艱苦抗爭，貓科動物佔據了人類的家園，接著是侵入我們的心，使人類聽命於牠，還獲得了一些權利（依我來看，這還不夠多）。我們人類，則多了些義務。隨著時間，我們如今可以說人類已經成為動物，而動物變成了人類，進而誕生了這一對原創又獨特、形影不離的伴侶。

從歷史上看，很長一段時間以來，貓一直是最親近人類的動物朋友。最初，一切都是出於偶然，正因為牠是公認流行病媒介——嚙齒動物（當牠曾經的競爭對手黃鼠狼（Belette）被徹底淘汰後）的獵捕者，貓很自然地在社會中、在溫暖的家裡，找到自己的歸屬。而狗即使逐漸親近人類，牠們仍待在外面的狗窩裡。貓渾然天成的魅力，征服了我們。我們的捕鼠專家同樣成為裝飾中必要的一部分，像經典和樂家庭畫作中所描繪的一般，安詳地睡在畫面的某個角落裡。

然而，自從踏進人類的居所後，貓節節退敗。牠的狩獵本能被爐火平息了，原本有如軍隊的主力戰將，變成了對蒼蠅打呵欠的士兵；只有貼近牠嘴邊的逗貓玩具，還能挑起些許興趣。但失去狩獵的功能性後，貓擄獲了人類的心。

出於對貓的興趣——當然，我是愛貓成癡的人，以及身為業餘占星術師（我還是個業餘的黑色文學小說家、散文家、劇作家和記者），有一天我自問：為什麼不寫寫牠們呢？並從我的書頁抬起頭來，欣賞這隻貓躺在我面前墊子上的幸福神情。聽說瑜伽源自於人們對貓咪的凝視，但那是另一段故事了。因此，這兩個興趣畫下了起點，讓我展開一段人和動物之間所能建立的親密無間、充滿愛意和激情的關係。即使這有點牽強，也無所謂！我對這段濃烈的關係甘之如飴，甚至夢寐以求！

對我來說，與動物共處，就是與另一個生命——你的小寵物，分享部分的愛跟生活。唯一與人類間關係不同的是，這美妙的冒險顯然時間有限，而遺憾的是最長不會超過二十年……至於兩個人類之間的愛情，時而長久、時而短暫。

踏進動物占星術領域的緣由

動物占星術的出發點，是觀察某個來到我們生命中的動物，與人類間的邂逅有著相同的徵象、身份被「烙印」在我們的星盤裡。

對於那些稍微瞭解占星術的人來說，會知道一張命盤是由十二宮位組成的，其中一個宮位——六宮，掌管了疾病、健康、工作和……小動物。這表示占星專家在過往已經確立了寵物在人類生活中的位置，藉由占星術語中所謂的「衍生宮位」，將牠們囊括在我們的本命星盤中。

這個重點堅定了我的直覺，並鼓勵了我的計劃。在人類星盤之中，動物顯現出的涵義，與生命中的其他伴侶是一樣的，我想要在相同的基礎上，來研究人類／動物這一對夥伴。因此，正如預告一場浪漫豔遇般地一目瞭然，當一隻貓出現在人類的生活中時也是如此，我創造一種專有的、適切的解讀方式。於是，我成了一名貓咪占星師。

透過發展解讀對話、尋找人貓之間的一致性，我構思了這本《貓咪占星指南》。它是根據類比原則，以及在所有占星術的基礎之下，經過深思熟慮（和想像）後編寫而成——在某個程度上，一隻金牛座的貓類似於同一星座的人類。我希望這本針對特定物種而編成的著作，在具有參考價值的同時又饒富趣味。

本書會讓你更懂得如何選擇和理解你的寵物；越認識牠、就能越妥善地愛護牠，或是愛得越深刻。

如何確認貓咪
所屬的星座？

貓咪是種奇妙的生物，我們摸不透牠們腦海閃過的所有念頭。

——華特・司各特（Walter Scott）

知道貓的出生日期

如果你知道貓的出生日期（大致確切或者接近的出生月份），就可以在下面的星座列表中找到牠落入的星座，並能參照對應的章節。

※日期可能因閏年而略有不同

- 牡羊座：3月21日至4月20日
- 金牛座：4月21日至5月20日
- 雙子座：5月21日至6月21日
- 巨蟹座：6月22日至7月22日
- 獅子座：7月23日至8月22日
- 處女座：8月23日至9月22日
- 天秤座：9月23日至10月22日
- 天蠍座：10月23日至11月21日

- 射手座：11月22日至12月20日
- 摩羯座：12月21日至1月19日
- 寶瓶座：1月20日至2月18日
- 雙魚座：2月19日至3月20日

不知道貓的出生日期

如果不知道貓咪的出生日期，以下敘述能讓你依據牠的行為，找出牠的行星特徵、專屬星座或是最接近的星座，然後翻閱至相關章節。

- **當第一眼看到牠，最吸引你的地方是：**牠的野性美。牠令你著迷，即使是長相醜陋的貓咪（但在世間上這並不存在）。
- **賴定你的表現：**牠賴在你面前（或在你家門前），等待你靠近。
- **牠的性情：**自信且喜形於色。
- **用餐時：**善變、口味講究。

• **你的貓和其他人相處時：**無論做任何事情，牠總是愛秀。

☉ 你的貓咪是太陽型／星座：獅子座、牡羊座

牠具有令人無可自拔的魅力，向外展露光芒萬丈的美麗，卻似乎沒有自覺。

＊＊＊

• **當第一眼看到牠，最吸引你的地方是：**牠該打理的部分。

• **賴定你的表現：**長久以來，牠一直在你或你的房子附近打轉，一點一滴地任由自己被馴服。

• **牠的性情：**多疑和疏離。

• **用餐時：**一旦規則立下，牠就討厭貓糧的任何變化（無論哪一種貓糧）。

• **你的貓和其他人相處時：**一般來說，牠總是疑心病重。

♄ 你的貓咪是土星型／星座：摩羯座

牠小心翼翼，百折不撓。時間會為牠證明一切。是隻按部就班的貓，也是阿宅。

＊＊＊

- **當第一眼看到牠，最吸引你的地方是：**牠的自動自發，能馬上與我們建立連繫。
- **賴定你的表現：**藉由喵喵叫聲，喚起對牠的注意。
- **牠的性情：**健談和喜愛參與。
- **用餐時：**是位出了名的饕客。
- **你的貓和其他人相處時：**牠出於本能，聊起天來總是滔滔不絕。

☿ 你的貓咪是水星型／星座：處女座、雙子座

好奇心強、聰明，牠能馬上聽懂你的意思，就好像講的是貓語一樣。牠反應極為靈敏，讓自己自然而然地成為家庭的一分子。

＊＊＊

- **當第一眼看到牠，最吸引你的地方是：**牠難以抗拒的魅力。
- **賴定你的表現：**在腿肚上留下幾個爪印，再抛來幾個具有說服力的媚眼

- **牠的性情：**黏人和自戀。
- **用餐時：**細緻、講究美食。
- **你的貓和其他人相處時：**總是乞求關注和愛撫。

♀ 你的貓咪是金星型／星座：天秤座、金牛座

牠非常深情，是個小黏人精，極度追求感官享受，總是需要觸覺接觸，但並不樂於和他人分享。

＊＊＊

- **當第一眼看到牠，最吸引你的地方是：**牠一副迷失在遼闊世界的神情。
- **賴定你的表現：**拐彎抹角、出乎意料。
- **牠的性情：**心不在焉、若有所思。
- **用餐時：**取決於日子、菜單和其他事物。對於食物反覆無常的貓。
- **你的貓和其他人相處時：**在眾人面前偶爾會恢復活力。

☽ 你的貓咪是月亮型／星座：巨蟹座

從字面和比喻上來說，牠總是處於「棲息」的狀態。迷失在牠的夢裡或是閣樓深處。如果世上的貓都是貪睡之徒，那麼牠就是個總在夢裡耽溺的憂鬱小生。

＊＊＊

- **當第一眼看到牠，最吸引你的地方是：**自動自發地黏在你身上，或把頭埋在你的衣服下面。
- **賴定你的表現：**牠毫無預告就出現了。
- **牠的性情：**緊張、好鬥。
- **用餐時：**狼吞虎嚥。在這方面，牠也是個很敏捷的竊賊。
- **你的貓和其他人相處時：**當有人接近時，牠會全速地跑開或是高高弓起背來。

♂ 你的貓咪是火星型／星座：牡羊座、天蠍座

牠非常獨立，偏好以武力解決事情。攻擊任何移動的東西，並且不迴避對抗。

＊＊＊

- **當第一眼看到牠，最吸引你的地方是：**你從未見過這樣的貓咪，極度特立獨行。
- **賴定你的表現：**令人毫無頭緒。
- **牠的性情：**稀奇古怪、疏遠、若有所思。
- **用餐時：**牠喜歡不太像貓飼料的食物。也很聰明，會自行打開櫥櫃門享用。
- **你的貓和其他人相處時：**要求人們玩拋接玩具的遊戲，且再也不放他們走。

♅ 你的貓咪是天王星型／星座：寶瓶座

牠大膽魯莽、總是在尋找不一定會得勝的新體驗。

＊＊＊

- **當第一眼看到牠，最吸引你的地方是：**第一眼見到牠，你就知道彼此是天生一對。
- **賴定你的表現：**因為牠和你不約而同地做出相同的選擇。
- **牠的性情：**靈活又善解人意。
- **用餐時：**牠的口味總是變來變去。
- **你的貓和其他人相處時：**牠會保持距離和觀察。

♆你的貓咪是海王星型／星座：雙魚座

是個神祕主義者，給人感覺總是縹緲夢幻。並非是因為外在美貌（像太陽型的人一樣），而是出於心靈。牠有些自命不凡。

＊＊＊

- **當第一眼看到牠，最吸引你的地方是：**雖然你不打算收留動物，但你卻帶著牠離開了。
- **賴定你的表現：**牠從某個暗處現身。

• **牠的性情：**獨立而神祕。

• **用餐時：**牠很難搞，非常難搞。

• **你的貓和其他人相處時：**牠會從某個戰略性的角度監視人們，彷彿望穿了生命的本質。

♀ 你的貓咪是冥王星型／星座：天蠍座

牠在某個特殊的時刻「偶然」地降臨在你的生命中，就像一份有益身心、撫慰和神祕的禮物。你感覺牠總是在審判你，而牠來自一個不可見的世界。

＊＊＊

• **當第一眼看到牠，最吸引你的地方是：**牠自視甚高的一面打動了你。

• **賴定你的表現：**牠會從任何一處冒出來，但總之都是從某一條坦途……

• **牠的性情：**自信和外向。

• **用餐時：**是個毫不遮掩的貪吃鬼。

• **你的貓和其他人相處時：**牠會費盡一切心力吸引人注意，並勾起人們對牠的興趣。

♃ 你的貓咪是木星型／星座：射手座、獅子座

非常貪玩、活潑，也是個永不滿足的吃貨，務必留意牠的身材。

一旦確定貓咪的星座，你便能在對應該星座的章節中，找到貓咪與你在伴侶關係中所潛藏的優勢、和諧或衝突。

此外在各章中，還討論了每個星座的不同面向和特點[1]。首先是貓咪的主宰行星，和牠的性格、氣質類型、體格、社交能力，以及牠在訪客或孩童面前的親和力有關。再來是每個星座的三個十度區間[2]（Décan）與其主掌的面向，例如牠的健康、遷移性、友誼和愛情，以及與牠主人的相合性。

「星座貓的雲上狂想」是一個番外奇想曲，裡頭重新塑造各星座貓的世界，一個只有「如果」的世界——如果這是……一個墊子、一首曲子、一首歌、一個品種、一

隻名貓等。

最後會以一隻文學中的名貓為題、一段從占星術的角度重新審視的故事，加以總結每個星座。我們還會針對中華占星術和埃及占星術中的貓咪星宿提出疑問。

即將出生的貓寶寶

貓咪的懷孕週期大約落在五十八天至六十五天。第32～33頁的圖表能讓你瞭解：

- 小貓出生的星座，如果你知道貓咪們交配的日期。
- 交配的時間點，如果你想控制新生貓寶寶的星座。

你也可以選擇順其自然。

1 但對於純種貓，你必須根據其特性來調整星座。

2 譯註：黃道十二宮每一宮在星空背景上有三十度跨度，十二黃道星座以每十度等分出來的區間，稱為十度區間。十度區間又譯作「十分度」、「十度區分」。

	15	16	17	18	19	20	21	22	23	24	25	26	27	28	29	30	31
	21	22	23	24	25	26	27	28	29	30	31	1	2	3	4	5	6
	牡羊																
	15	16	17	18	19	20	21	22	23	24	25	26	27				
	21	22	23	24	25	26	27	28	29	30	1	2	3				
	金牛																
	15	16	17	18	19	20	21	22	23	24	25	26	27	28	29	30	31
	18	19	20	21	22	23	24	25	26	27	28	29	30	1	2	3	4
				雙子													
	15	16	17	18	19	20	21	22	23	24	25	26	27	28	29	30	
	19	20	21	22	23	24	25	26	27	28	29	30	1	2	3	4	
				巨蟹													
	15	16	17	18	19	20	21	22	23	24	25	26	27	28	29	30	31
	18	19	20	21	22	23	24	25	26	27	28	29	30	1	2	3	4
						獅子											
	15	16	17	18	19	20	21	22	23	24	25	26	27	28	29	30	
	19	20	21	22	23	24	25	26	27	28	29	30	31	1	2	3	
					處女												
	15	16	17	18	19	20	21	22	23	24	25	26	27	28	29	30	31
	18	19	20	21	22	23	24	25	26	27	28	29	30	1	2	3	4
						天秤											
	15	16	17	18	19	20	21	22	23	24	25	26	27	28	29	30	31
	19	20	21	22	23	24	25	26	27	28	29	30	31	1	2	3	4
					天蠍												
	15	16	17	18	19	20	21	22	23	24	25	26	27	28	29	30	
	19	20	21	22	23	24	25	26	27	28	29	30	1	2	3	4	
				射手													
	15	16	17	18	19	20	21	22	23	24	25	26	27	28	29	30	31
	19	20	21	22	23	24	25	26	27	28	29	30	31	1	2	3	4
			摩羯														
	15	16	17	18	19	20	21	22	23	24	25	26	27	28	29	30	
	19	20	21	22	23	24	25	26	27	28	29	30	31	1	2	3	
		寶瓶															
	15	16	17	18	19	20	21	22	23	24	25	26	27	28	29	30	31
	18	19	20	21	22	23	24	25	26	27	1	2	3	4	5	6	7
		雙魚															

妊娠期與出生日對應表

一月交配	1	2	3	4	5	6	7	8	9	10	11	12	13	14
三到四月間出生	7	8	9	10	11	12	13	14	15	16	17	18	19	20
星座	雙魚													
二月交配	1	2	3	4	5	6	7	8	9	10	11	12	13	14
四到五月間出生	7	8	9	10	11	12	13	14	15	16	17	18	19	20
星座	牡羊													
三月交配	1	2	3	4	5	6	7	8	9	10	11	12	13	14
五到六月間出生	4	5	6	7	8	9	10	11	12	13	14	15	16	17
星座	金牛													
四月交配	1	2	3	4	5	6	7	8	9	10	11	12	13	14
六到七月間出生	5	6	7	8	9	10	11	12	13	14	15	16	17	18
星座	雙子													
五月交配	1	2	3	4	5	6	7	8	9	10	11	12	13	14
七到八月間出生	4	5	6	7	8	9	10	11	12	13	14	15	16	17
星座	巨蟹													
六月交配	1	2	3	4	5	6	7	8	9	10	11	12	13	14
八到九月間出生	5	6	7	8	9	10	11	12	13	14	15	16	17	18
星座	獅子													
七月交配	1	2	3	4	5	6	7	8	9	10	11	12	13	14
九到十月間出生	4	5	6	7	8	9	10	11	12	13	14	15	16	17
星座	處女													
八月交配	1	2	3	4	5	6	7	8	9	10	11	12	13	14
十到十一月間出生	5	6	7	8	9	10	11	12	13	14	15	16	17	18
星座	天秤													
九月交配	1	2	3	4	5	6	7	8	9	10	11	12	13	14
十一到十二月間出生	5	6	7	8	9	10	11	12	13	14	15	16	17	18
星座	天蠍													
十月交配	1	2	3	4	5	6	7	8	9	10	11	12	13	14
十二到一月間出生	5	6	7	8	9	10	11	12	13	14	15	16	17	18
星座	射手													
十一月交配	1	2	3	4	5	6	7	8	9	10	11	12	13	14
一月到二月間出生	5	6	7	8	9	10	11	12	13	14	15	16	17	18
星座	摩羯													
十二月交配	1	2	3	4	5	6	7	8	9	10	11	12	13	14
十二到一月間出生	4	5	6	7	8	9	10	11	12	13	14	15	16	17
星座	寶瓶													

十二星座的貓咪

根據每個十度區間的特徵，你可以對貓咪的性格進行精密分析。每個星座長達三十天，並被分為三個十天左右（太陽進入一個星座的時間可能依年份而不同），每個十天都受到行星的影響。

- **第一個十度區間：**星座的前十天，與身體有關。
- **第二個十度區間：**接續的十天，與精神有關。
- **第三個十度區間：**再接續的十天，與靈魂有關。

♈ 牡羊貓

從3月21日到4月20日
元素：火（創始型）
主宰行星：火星（或冥王星）
掌管的身體部位：頭部
顏色：鮮紅色

一 活力充沛、勇敢、好鬥、狂熱分子

牠的主宰行星：火星

這是春天的第一個星座，它從植物向上運輸的水分中汲取滿溢的能量。它代表著生命的抗爭、自然選擇和最強者的法則。彷彿它的使命是令我們忘卻冬天，而牡羊貓帶著力量和慾望發現或是重新發現這個世界。牠天性快樂且熱情。

火星這顆力量之星主宰男性的行動，象徵速度和活力。喜愛獨立自主，也是火星型男性的特質之一。在這顆行星的影響之下，牡羊貓是強而有力、頑強和果斷的。

火星對應一個人生命最旺盛的巔峰期，是人們試圖被認可、實現自我的生命階段——因此牡羊貓天生充滿霸氣。

牠從小就很喜歡運動，甚至喜好爭鬥。如果可以，最好在你有足夠的空間、一座花園，或至少客廳能擺下一座漂亮的貓爬架時，再來接待這個星座的貓，以便牠能定期做些運動。

牠的性格：外向

牡羊貓淘氣頑皮，天生不記仇。牠們個性獨立，很容易適應各種變化、能承受不穩定性，比方說適應一個作息顛三倒四、放縱不羈的主人。

牠是個行動派，因其難以抗拒的魅力而成為受到尊重的領頭羊。牡羊貓討厭被約束並懂得靈活應對任何情況，牠心中有股接受挑戰、測試自己身手和體力的需求。必要的話，也樂意奉陪打一頓架。速度是牠的武器，像個武士一樣，以滿腔熱血和敏捷力擺脫困境。然而，牡羊貓卻也很容易受傷，按照牠們的生活方式，身上累積的傷口猶如牠的滿滿戰績。

優點

這隻熱愛運動的貓是個膽小鬼、天生的雜耍演員，從不錯過任何展示自己才能的機會，如果世上有貓咪奧運比賽，牠一定會參加。即使冒險，也會本能地評估風險。

缺點

這是最易怒的貓咪。切勿嘗試以詭計誘導牡羊貓，或是讓牠違背意願來完成某件事。如果改用溫柔的姿態，能從牠身上獲得更多東西。

牠的氣質類型：膽汁質[3]

牡羊貓和牠的獅子座以及天蠍座朋友一樣屬於膽汁質。牠渾身肌肉，帶著直勾勾而犀利的眼神，充滿動感和活力。牠同樣可以是衝動和好戰的，即使在一個身形魁梧的對手面前，牠也隨時做好迎敵準備……牠克制不住自己！

牠的嗓音強勁有力，且動作以貓科動物來說是相對粗魯的。和牠的獅子座朋友相同，是一個驕傲而性格暴烈的領導者。

3 譯註：源自古希臘的性格分類，根據人的四種體液分成四種性格：血液（多血質）、黏液（黏液質）、黃膽汁（膽汁質）和黑膽汁（抑鬱質）。

牠的外型

牡羊座貓全身肌肉發達、修長，頭圓短鼻，尖下巴。

牠的社交能力

- **牡羊座雄貓：**牠是一隻運動型且非常討喜的貓。對自己的主人有獨佔慾，而招來的嫉妒會造成嚴重破壞，即使我們試著好聲好氣地向牠解釋，偶爾必須分享自己的主人或牠的餐碗。但牡羊貓先生也依舊自由，活得無拘無束……
- **牡羊座雌貓：**牠的身高可能矮於同類的平均身高，但性格堅定且積極主動。牠非常愛操心。和牡羊座雄貓一樣，牠依戀著自己的主人，如果我們把事實擺在眼前並要求牠分享主人的話，就會變身成一隻嫉妒的母老虎。牠絕對會大賭氣，至死方休。
- **牡羊座小貓：**這是個淘氣又暴躁的小惡魔，生性非常敏感，最好是勸阻牠不要做些傻事，而不是過於激烈地斥責。牡羊座小貓是一隻不斷尋找著嶄新冒險的探險家。旁人懼怕的事物嚇不倒牠。

- **面對訪客：**視情況而定。牠會自然而然地接近對其友好的人類。反之亦然。強迫牠是沒有意義的。
- **和孩童相處：**牠有青春洋溢的性格，當孩子陪伴在側時，牠感到自在舒適。但如果遊戲的時間持續過長，最終可能會惹惱牠。所以請多加留意……

十度區間

- **第一個十度區間（3月21日至3月31日），由火星或冥王星守護：**落在第一個十度區間的貓膽大包天，需要在戰鬥中耗盡自己的精力和挑釁他人。牠的血液裡流淌著勇氣和膽量。
- **第二個十度區間（4月1日至11日），由太陽守護：**這小個頭很自然地令人臣服、視牠為領頭羊或老大哥，是隻居高臨下又活力充沛的貓。面對有人臣服於牠的氣派威嚴之下，牠也會感到欣喜。
- **第三個十度區間（4月12日至20日），由金星守護：**溫和、深情款款、善於交際、心胸寬廣，像這樣的牡羊貓，只要求被人撫摸的權利。

牠的健康

牡羊座與頭部有關，這使你的夥伴在臉部和眼睛等處較為脆弱。由於牠天性喜好爭鬥（尤其年輕時），可能容易發燒和受傷。

牠可能會感染眼疾。隨著年歲增長，要留意牡羊貓的牙齒和肌肉系統。

牠的遷移性

這隻喜愛冒險的貓天生不懼怕旅行：對牠而言，這可是一個全新的研究領域。但是必須讓牠逐漸地習慣環境。獨立的天性，可能會在路途之中引起一些不便。調教得好的牡羊貓，可以跟隨你散步或一起「走到世界盡頭」，幾乎正如布萊斯・桑德拉爾（Blaise Cendrars）所寫的歌一樣——《帶我走到世界盡頭》（*Emmène-moi au bout du monde*）。牠易於生存，適應得了你的各種長短途跋涉，以及任何一種交通工具。

牠的友誼、愛情、親密關係和點頭之交

- **誰適合當牡羊貓的主人？**

和牠同是火象的星座，比如射手座或獅子座的主人，非常適合我們赤裸裸的牡羊座。和射手座在一起時，牠喜歡健身鍛煉，也需要獨立空間；獅子座的審美家會欣賞這隻動感貓結實有力的優雅之美。

跟隨一位牡羊座的主人時，兩者過於旺盛的火氣可能會撲滅熱情……一種不理解和頻繁的權力鬥爭或許會令牠緊張，甚至使牠逃家。

在金牛座的主人身邊，太過平淡如水的生活會令牠心情沮喪。除非有可能在外頭「隨心所欲」，並且待牠翹家歸來後，有個溫暖的家讓牠恢復元氣。

跟在無憂無慮的雙子座主人身邊，這個自動自發的貓科動物將會如（長了腳的）魚得水一樣的快活。牠能夠「不心存怨恨地」提醒這位異想天開的主人所犯下的疏忽：例如，牠的餐碗空空如也。

與巨蟹座在一起時，雙方在追求感官享受上是一致的，對於這隻過著波希米亞生活的貓來說，這是令牠安心的因素。相反地，與過於腳踏實地的處女座主人相處，對於這隻獨立動物而言，溝通上會困難重重。

另一方面，和天秤座主人在一起時，是一股性格截然相反的吸引力。這個強大的誘惑者將完全服從其寵物的意志。除非是相反的組合。

天蠍座和牡羊座根本不是住在同一個星球上。他們的共通點是遠離太陽、大海和天堂。

反過來說，寶瓶座主人和牡羊貓的交流將會很美好。兩人都喜歡體驗：寶瓶酷愛科學、牡羊愛好冒險。

最後，與雙魚座主人相處時，牡羊貓將全然地舒適自在。

• 愛情歸宿

牡羊座－牡羊座：立即反應——一見鍾情或枕頭大戰。

牡羊座－金牛座：這兩種星座的能量如此截然不同，無法協調。金牛熱愛的所有感官追求令牡羊座厭煩。

牡羊座－雙子座：飄飄然的吸引力和愛情。喜得貓寶。

牡羊座－巨蟹座：浪費時間。牠們之間毫無吸引力。

牡羊座－獅子座：強烈的仰慕、長期的觀察。但是，這不能保證什麼。

牡羊座－處女座：一拍即合或一拍兩散。儘管雙方都是處於焦躁不安的狀態，但能短暫地相處。建議快刀斬亂麻。

牡羊座－天秤座：猶如磁鐵對金銀珠寶的吸引力。

牡羊座－天蠍座：理論上沒什麼不愉快的。只要信任天蠍座的話。

牡羊座－射手座：相愛相殺的關係，但維繫順利，會是擁有後代的美滿結局。

牡羊座－摩羯座：隨著時間過去，牠們會喜歡上彼此。牡羊座須有耐心。

牡羊座－寶瓶座：像朋友的情人，牠們的愛情開花結果指日可待。

牡羊座－雙魚座：雖然性格截然不同，但可以嘗試碰一次面。

星座貓的雲上狂想

如果把貓咪塞進一個瓶子，牠會如阿拉丁神燈般，從一片煙霧繚繞的濃霧布幕裡忽然現形。我們彷彿置身於動畫片中，在一個承載荒誕夢境的世界裡，否則這就不是場夢了。就讓我們一起航向這個幻想的雲之國度吧！

- **牠的綿軟王座：**由於牡羊貓喜歡從事運動，牠身處位於卷積雲（Cirrocumulus）

頂端的競賽擂台，安穩地待在鮮紅色的坐墊裡，這個顏色是戰鬥的象徵。牠邀請了馬瑟．巴紐（Marcel Pagnol）——《貝克的妻子》（*La Femme du boulanger*）的作者來自己的派對，他們一起聽搖滾樂，跟著查克．貝瑞（Chuck Berry）的一首〈約翰尼．B．古德〉（Johnny B. Good），試著跳一支狂野炫技的舞蹈……這毛小孩愛極了！

相關品種：日本短尾貓

這隻多情且嫻熟交際的貓在一九八〇年代抵達法國。日本短尾貓的特色是源自於基因突變的異色瞳和兔子般的短尾巴。要是這隻貓身著三色花裙，會被認為是一種幸運的象徵。在日本深受歡迎、舉著貓爪的招財貓就是牠的代表。還有另一個特點是會發出咕嚕咕嚕的聲音，因為牠非常健談。

阿方索——三月的太陽及五月的雨

要能代表牡羊星座的話，就必須是一個運動健將、一隻天不怕地不怕，容易適應變化的貓。馬歇爾・埃梅（Marcel Aymé）的短篇小說〈貓爪〉（La patte du chat）[4]中的主角就是如此堅毅剛強。阿方索（Alphonse）是一隻年輕帥氣的農場貓，依戀著從田野到閣樓的廣闊空間。牠在夜裡活蹦亂跳——這是一個令人敬畏的捕鼠能手，但在白日裡則懶洋洋的，因此被收留牠的農家夫婦責罵，他們的脾氣暴躁；相反地，他們的兩個女兒和雄貓之間有著深厚的友誼和無盡的默契。所以，當德芬和瑪妮兩姐妹打破一只花瓶的那天，這一家的瑰寶——阿方索竟然告訴她們要保持冷靜（是的，阿方索是一隻會說話的貓），但為時已晚！女孩們為了避免受到懲罰（去牙齒掉光、長滿汗毛的梅娜姨媽家），請求阿方索的幫忙。由於唯有降下一場雨才能取消行程，阿方索便採取行動來終止晴朗的天氣。

說到做到，阿方索堅定地將貓爪伸往耳後祈雨，足足有五十餘次。這一招勢不可擋。隔天，「豪大雨勢把狗淋成了落湯狗」，再隔一天依然如此。日復一日。阿方索

4 〈貓爪〉（La patte du chat），《貓咪躲高高》（*Les Contes du chat perché*），馬塞爾・埃梅（Marcel Aymé），1944年。

每日重複著對雨的頌歌，雨從未停止落下，以致農家夫婦把牠當作代罪羔羊，他們決定丟棄牠好讓太陽回到天上。他們把阿方索塞進一個裝有石頭的布袋裡，打算將牠扔進河中。身著短裙的女兒們解救了牠——現在她們被威脅要在可怕的梅娜姨媽家裡待上六個月。在所有農場動物的幫助之下，牠們在集會中想出了一個計謀，好挽救阿方索的生命。要使計劃奏效，仍然需要一隻同謀的老鼠。最後雄貓和老鼠都順利獲救了。

儘管告密者公雞試圖告密（這傢伙最後進了燉鍋），父母仍堅信阿方索已經被淹死了。他們實在後悔莫及！因為大雨過後，迎來的是旱災，農田都在燃燒。他們感到絕望、被悔恨和內疚啃噬，卻在某個美好的早晨，發現阿方索快樂地睡在瑪妮床上。對他們來說，一切都將回歸正軌。但阿方索不以為然，牠想代替小女孩們犧牲自己，與可怕的阿姨會合。父母們懇求牠不要離開。阿方索最後紆尊降貴地留下來（牡羊座易怒卻不記仇），優雅地重拾牠的祈雨舞。

♉金牛貓

從4月21日到5月20日
元素：土象（固定型）
主宰行星：金星
掌管的身體部位：喉嚨、脖子
顏色：藍色
穩定、意志堅定、勇敢

牠的主宰行星：金星

金星象徵情竇初開的時期、生活的喜悅，帶著一股女性氣質。讓此星座天生充滿情感、富有魅力，具有誘惑和吸引力。

在愛與美之星的光芒照射下，金星守護的金牛座擁有絕不可抗拒、難以言喻的特質。愛情「幾乎」是它活著的理由。

此外，金星象徵自然、豐饒的大地。植物以一種規律、穩定且緩慢的節奏，生長得厚實緻密並填滿所有的空隙。一切都是為了讓大自然在夏天生機勃勃。

陰性的金星賦予雄貓某種程度的敏捷，不論是笨手笨腳抑或是溫和圓胖的貓；金星雌貓是迷人、柔媚、勻稱有致的，是一種審美的享受。這幾乎就是夏爾・波德萊爾寫的詩：奢華、魅惑（而不是冷靜！）和性感……

如果金星「被冒犯」（受到負面相位的影響），金牛貓就會變得具有攻擊性、愛抓人，且舉止偷偷摸摸。

牠的性格

金星是這個星座的主宰行星，賦予貓咪夥伴優雅的姿態與敦厚的性情。金牛貓無論雄雌都平易近人、善良且深情款款……有時甚至會過頭了。牠天生多愁善感，出於安全感的需要而表現得忠心耿耿。當金牛貓不尋覓溫情時，牠是沉著冷靜的。牠是一隻鎮定自若的沙龍貓或家貓，如果一不當心，可能會把牠與擺飾品搞混。當牠心情好時，便任由人們使喚。不過碰上被拒絕時牠也不會氣餒，堅持不懈直到得償所願。

優點

牠很殷勤，喜歡接待人類或是動物。這個好客的動物會包容新來的人，只要他們不引起牠的不安。

缺點

受到負面的影響，金牛貓會變得暴飲暴食，甚至會設法打開櫥櫃或冰箱偷吃。當牠不被理解時會極度煩躁不安，但只要被安撫，牠卻又是如此平靜。

牠的氣質類型：多血－淋巴質（sanguin-lymphatique）

同時對應消化和淋巴系統，多血－淋巴質的貓在極度熱忱和持續懶惰之間搖擺不定。牠天性熱情，熱愛生活中的愉悅——尤其是食物。牠非常深情，熱衷性愛。生性敏感且多愁善感，卻也穩定、忠實、吃苦耐勞。多血－淋巴質類型的貓頭部呈現圓形，以中庭（鼻子、眼睛）或下庭（嘴部、下巴）最為突出。牠通常有漂亮濃密的皮毛、大而圓的眼睛、短鼻和一雙大耳。

牠的外型

金牛貓鍛鍊得十分結實，脖子短又粗壯，牢牢支撐起圓狀頭。牠們的步伐緩慢而有節奏。

牠的社交能力

- **金牛座雄貓：**牠是一個喜歡接待來客和被欣賞的宅男，以風度和自然的優雅著稱。一個溫暖的家就足以使牠幸福，儘管牠表達的情意，實在肉麻過了頭……

- **金牛座雌貓：**牠散發著和諧與優雅。金牛座雌貓非常依戀牠的家，並分享大家庭的所有情緒。牠的佔有慾很強，彬彬有禮又熱情好客，就算非不得以發起脾氣……牠也只會生悶氣。

- **金牛座小貓：**不畏懼冒險所帶來的後果、做事缺乏條理，假如要原諒金牛小貓的胡作非為，務必要以委婉和圓滑的手腕教導規矩，否則牠會爬到你頭上！

- **面對訪客：**金牛貓極具親和力，牠喜歡屋裡擠滿了人。如果人們還投以關注目光在牠身上的話，那麼……牠會樂歪！

• **和孩童相處：**金牛貓與孩童相處融洽，隨和的一面使牠成為孩童的最佳良伴。牠任由自己被當作絨毛玩偶對待——不過誰知道牠是不是玩得一樣盡興呢！

十度區間

• **第一個十度區間（4月21日至4月30日），由水星或金星守護：**這類金牛貓好奇又充滿常識，但卻相當懶惰。此外，牠還懂得如何突顯自我優勢。

• **第二個十度區間（5月1日至11日），由月亮守護：**此金牛貓愛好美食又追求享樂，對周圍的人也很敏感，傾向維持現況。如果牠必須分享牠的主人或領土，便會顯現出強烈的佔有慾。適應力強，且總是固守在牠的坐墊上。

• **第三個十度區間（5月12日至20日），由土星守護：**這類金牛貓雖然學習速度慢，但藉由強大的自制力、專注力和不屈不撓的耐心，能擺脫自身困境。屬於選美冠軍的常勝者。

牠的健康

金牛星座與喉嚨、脖頸有關，小貓對各種蔓延的病毒非常敏感。當成年之後，牠的抵抗力會大增。然而，喉嚨和頸部這個區域仍然很脆弱。頸背也是牠的弱點。必須監控牠的飲食，以免牠過度進食而變得肥胖。

牠的友誼、愛情、親密關係和點頭之交

• 誰適合當金牛貓的主人？

與處女座或摩羯座的主人相處融洽。一如處女座的人類，牠們分享對家的愛、建立在安全感基礎上的簡單幸福，以及平靜無波的節奏。和摩羯座亦然，這種融洽很理所當然而且持久。

金牛貓很容易適應牡羊座的主人。一丁點的風吹草動不見得會令牠不悅，但務必適可而止……

與同星座的主人在一起時，若是太過按表操課，可能使得日常生活過於乏味。

雙子座主人對牠來說，太「飄忽不定」及優柔寡斷，牠可能會因此變得不安穩和

焦慮，並產生不必要的痛苦。

反過來說，待在巨蟹座主人身邊，雙方關係可以達到某種完美的境界。他們互相磨合，直到兩人度過熱烈又和諧的一生。

跟獅子座相處時，彼此的權力競爭關係，以及想成為最耀眼焦點的心願，可能會干擾他們之間的宇宙波長，引起不睦。

和同為金星人的天秤座主人相處時，在感官層面上會非常契合。他知道如何撫摸牠的小屁股、討好牠的味蕾。對美感有明確的見解。

與牠對向的星座——天蠍座的同居生活並不容易。第一次的接觸就決定成敗，除了施虐與受虐傾向者以外。

對金牛座貓來說，射手座主人是和諧生活的保證。前者樂觀，後者帶來生活的樂趣，令他們攜手終生。

金牛座貓很難適應寶瓶座主人。在這個配置中，這位過於敏感的主人將難以應付這隻易怒寵物的衝動。

和雙魚座主人一起生活是沒問題的……不過雙方都會無聊到輪流打起哈欠。

・**愛情歸宿**

金牛座－牡羊座：雙方在權力的消長中虛張聲勢，不受期待的組合。

金牛座－金牛座：熱情時有時無，有賭氣和蹺家的風險。

金牛座－雙子座：難以想像的一場冒險，但不妨一試。

金牛座－巨蟹座：美好的婚姻，且產出一窩可愛的小貓。

金牛座－獅子座：高拱起背和張牙舞爪的關係。不過一旦算清舊帳，一切皆有可能。

金牛座－處女座：貓版的羅密歐與茱麗葉（但結局較不戲劇化）。

金牛座－天秤座：在魅力和熾熱的慾望作用之下，產生全然的誘惑力。引人關注的高顏值組合。

金牛座－天蠍座：毀滅式的激情。可以完美履行伴侶的合約。

金牛座－射手座：愛與和諧，就這麼簡單。

金牛座－摩羯座：自發的吸引力，交配成功的組合。

金牛座－寶瓶座：錯綜複雜的開場，但有可能開花結果。

金牛座－雙魚座：阻撓重重的命運，未來渺茫。

星座貓的雲上狂想

金牛貓攀上空中飛人的梯子，朝向那個美夢成真的幻想世界，要不然這就不是場夢了……在這裡，所有的惡夢都被捕夢網隔絕。一切都完美無瑕。我們身在虛幻的雲之國度裡。

- **牠的綿軟王座：**牠佇立在自己「舒展開的雲朵」上，一大片低垂、未成形的雲朵，躲開了所有的空中特技。不動如山地待在牠柔軟的藍色墊子，這是代表真理和愛情的顏色。牠唱著練聲曲作為前奏，因為這隻沙龍貓總待在牠的閨房，重複牠最喜歡的曲調：羅西尼（Rossini）的《貓咪二重唱》（*Le duo des chats*）。當牠最喜歡的非正統英雄——格律克[5]（Geluck）的「貓大叔」到來時，牠會詢問這個喜劇演員，知不知道如何以詠嘆調或美聲唱法唱出一些動詞。

5 譯註：法國饒舌歌手。

相關品種：沙特爾貓

沙特爾貓（Chartreux）是個可靠的朋友。這是一隻溫和而深情的動物，帶有結實的體格和健壯的胸膛。其柔軟的皮毛和橙色眼睛是平靜的來源。

拉米那羅比斯——金星貓的和善，並不總是忠誠可靠

在尚・德・拉封丹（Jean de La Fontaine）的兩百四十篇寓言中，有兩則以貓王子——拉米那羅比斯（Raminagrobis）為主角。其名的詞源來自rominer和gros bis，前者為奧依語方言中的貓咪呼嚕聲；後者是一種粗糙、褐色的麵粉，被用來比喻重要的人物。

拉封丹從拉伯雷（Rabelais）的著作《巨人傳第三部》（*Le Tiers-Livre*）借用了這個名字。書中的拉米那羅比斯是一位老詩人，在龐大固埃和巴奴日兩位巨人之間充當仲裁者。寓言〈貓、黃鼠狼和小兔子〉（Le Chat, la belette et le petit lapin）中，拉封丹同樣把拉米那羅比斯設定為一位法官，解決黃鼠狼和兔子之間的衝突。這隻雄貓假裝聽不見，示意牠們湊上前說才聽得清楚……然後濫用牠個人無情的正義，撲到兩位主人

公身上，將之吞噬入腹！

貓是拉封丹寓言中的關鍵角色——出現了十一次之多，總是被套上相同的刻板印象：虛偽和狡猾。因此，拉米那羅比斯是一個狡猾的大騙子。即便如此，外型還是帶有圓潤感：毛皮濃密、胖乎乎的。你發現了嗎？只要一說出「拉米那羅比斯」，牠就在我們身邊發出呼嚕聲。這是人們夢想中的金牛座代表，拉米那羅比斯擁有金星貓的善良天性和金牛座的強健體格，這位諱莫如深的「莊嚴聖徒」，打從一登場便贏得了一致的好感。

在〈貓與老鼠〉（Le Chat et le rat）寓言中，那隻胖貓則偽裝成信徒：「就像所有虔誠的貓那樣，每天早晨祈禱。」其隱藏的寓意，是拉封丹尖銳地反映出「聖人」的正義以及當代的風俗，他同樣以其影射莫里哀（Molière）筆下的《偽君子》。

♊ 雙子貓

從5月21日到6月21日
元素：風象（變動型）
主宰行星：水星
掌管的身體部位：肺部、前肢
顏色：綠色
機智、善變、精明、活潑

牠的主宰行星：水星

接續在金牛座的金星所代表的豐饒大地之後，雙子座的水星象徵繁茂植被以及流動性。樹葉在風中飄揚，隨之變換方向，好比水星型貓咪敏捷的身手和靈活的頭腦。秉持移動、適應與交流的原則，水星主宰行動和擴散。這顆行星的象徵是雌雄同體，就像雙子座的孿生符號一樣。

水星藉由呼吸和語言促進交流，在這種影響之下誕生的貓咪非常情緒化。由於不會說我們的語言，所以牠會用自己的方式展現「健談」，並且知道如何巧妙地使人類理解自己。水星是藝術之星，這個星座的貓是非常優秀的喜劇演員，牠也可能散發出一股嘲諷感。

如果水星受到不利的影響，就會變得過度緊張和偷雞摸狗。

牠的性格

在這青春活力星座的統御之下，雙子貓一生都保有童心。水星以極快的速度對牠的呼吸系統與敏捷行動施加影響力，牠衝動、頑皮和好奇。一切都讓牠感到興趣，但眨眼即逝。這種注意力的不集中可能使得訓練小貓變得困難。成年後，牠可能是善變、三心二意或不可預測的，但這也造就了牠的魅力。

由於此星座的二元性，雙子貓的性格很難界定。此外，雙子座與貓科動物捉摸不定的形象有關，它們體現了所有貓科會有的的細微變化，可以剎那間由攻擊性轉為溫和（反之亦然）。

優點

適應能力佳。牠機靈聰明，以令人刮目相看的天性克服重重困難和陷阱。

缺點

比一般的貓更虛偽。牠的反覆撒嬌帶有私慾，在鬍鬚底下總是埋藏某些心思。

牠的氣質類型：多血質

跟射手座和寶瓶座一樣，多血質的貓有一張略長、橢圓的口部。牠的雙眼和下巴一樣窄小；相反地，牠的鼻子頗長。牠很健談，帶著尖細的嗓音，以及一雙炯炯有神且骨碌碌的眼睛。

多血質貓的肥胖身材，散發出一股穩重和活力充沛的氣息。牠動作迅速、身手矯捷，性情開朗且樂觀。雙子貓強而有力又靈巧，也是一隻勇敢的貓。

牠的外型

雙子貓的體型高於平均，但身材並不那麼結實。看起來又高又細長，但牠的胸部發育不良。

牠的社交能力

- **雙子座雄貓：**要雙子座雄貓足不出戶很困難，牠會使出高超本領來克服一切障礙，實現自己的目標。總之，牠非常獨立自主。
- **雙子座雌貓：**生來並不具備充沛的母性特質。牠可以完成任務，但並非滿腔熱血。此外，牠是個喋喋不休的長舌婦。能娓娓道出自己的人生故事，並且在牠想要某件事物時，懂得如何讓自己的心聲被聽見。
- **雙子座小貓：**早熟、活潑、聰慧。雙子座小貓想要上知天文、下知地理。在公寓裡牠容易惡作劇，好奇的天性總是促使牠嘗試新的體驗。和人類在一起時，牠一下子就會感到厭倦，並且知道如何遠離那些打擾牠的人。
- **面對訪客：**會出於好奇接見客人，但由於牠老是抱持疑心，因此總保持距離。

• **和孩童相處：**對於這個象徵青春的星座來說，孩童是牠宇宙的一部分。牠隔著遠遠的距離容忍他們，因為孩童可能馬上就令牠不悅。

十度區間

• **第一個十度區間（5月21日至31日），由木星或海王星守護：**本命是第一個十度區間的貓超級敏感，但頭腦敏銳，善於分析。容易陷入濃烈的情感關係。

• **第二個十度區間（6月1日至10日），由月亮守護：**三個十度區間中最莽撞的雙子貓。牠精力充沛，但容易分心，任何學習都可能是枯燥乏味的。

• **第三個十度區間（6月11日至6月21日），由太陽守護：**這隻雙子貓需要被欣賞，以便激勵自己。這讓牠有些自命不凡，或許牠就是這樣……誰知道呢？

牠的健康

雙子座與肺部、前肢（骨骼、肌肉）有關。牠身體的這些部分有不錯的結實度（不過並未特別發達），但不利於牠的後肢發展，也讓後股較為脆弱。

雙子貓不論老少都喜歡蹦蹦跳跳。然而，即使已屆高齡，動脈也完全沒衰老。牠脆弱的神經很容易「失調」，並產生身心上的過敏反應，貓科行為學家或許可以補救此點。

由於牠非常長舌，雙子貓的聲音容易嘶啞或帶有奇怪的語調。

牠的友誼、愛情、親密關係和點頭之交

• 誰適合當雙子貓的主人？

雙子貓的理想主人是牡羊座或天秤座。牡羊座知道如何安撫憑直覺行事的雙子貓，給予牠極為需要的自由。

待在同為風象星座——飄忽不定的天秤座身邊，將會成為一對完美的組合，任由衝動和幻想掌控他們的生活。

如果金牛座主人不會情感勒索的話，他們能建立起良好的關係。

在兩個雙子座之間，一切情況皆有可能發生，只要主人不過度分心以致忘記同伴基本需求的話。

雙子貓與巨蟹座主人能和諧相處，後者跟牠一樣童心未泯。他們會一起大肆玩樂。

在佔有慾過強的獅子座和獨立的雙子動物之間，他們可能常會意見不合。

跟處女座主人的關係更加微妙而不協調——此二星座腦袋的運轉速度根本不同調，話不投機半句多。琴瑟失調的組合。

雙子貓與天蠍座主人相處和睦。他們之間存在的是宇宙物質。

跟不拘小節的射手座在一起，這隻複雜的貓能得到滿足，感受快樂的寧靜。

然而，與摩羯座的相處需要許多磨合，除非他們同年紀。雙子座代表青春，摩羯座代表老年。他們活在不同層次或不同世界裡。

和寶瓶座主人能碰撞出各種火花：煉金術、魔法、吸引力。就是一見鐘情吧……

雙子貓和雙魚座主人可以像好鄰居一樣生活，雙方都非常獨立。雙子座的開朗舒緩了雙魚座的憂鬱。

‧愛情歸宿

雙子座－牡羊座：像一段說走就走的旅行。子孫滿堂。

雙子座－金牛座：性福滿滿，沒多久就會蹦出小貓了。

雙子座－雙子座：相處融洽而不黏膩。上對下的關係、貓丁興旺。

雙子座－巨蟹座：初次相見就跳起芭蕾的愛情舞劇，可以期待小貓的到來。

雙子座－獅子座：不是相敬如「冰」就是天雷勾動地火，沒有模糊地帶，但不妨嘗試一下。

雙子座－處女座：由於處女座過度的羞怯，而無法開花結果。

雙子座－天秤座：和諧的愛情和可愛的貓孩。

雙子座－天蠍座：甜言蜜語說不完的戀人，備好一間房讓牠們嚎叫吧！

雙子座－射手座：雙方都懂得討好，但是太彬彬有禮了。

雙子座－摩羯座：一方過於獻殷勤、一方漫不經心，最好避免這組配對。

雙子座－寶瓶座：柔情蜜意，生一打小貓。

雙子座－雙魚座：很難打破僵局，除非雌貓先屈服。

星座貓的雲上狂想

飄忽不定、騰雲駕霧！在起飛前，雙子貓就已經翱翔在風中。像玩跳馬背遊戲一樣地蹦上雲端，也會獨自玩起捉迷藏。為何不呢？在幻想的雲之國度，不存在實現不了的夢想。一起上路吧！

- **牠的綿軟王座：**高高掛在天上、一片非常緊密的卷積雲朵，雙子貓在上面正倚靠著牠的綠色墊子，就像米娜瓦[6]（Minerva）的眼睛——代表希望和青春的顏色。牠住在高處，一邊觀察世界、一邊聆聽 MC Solar[7] 的〈從這裡出發吧〉（Bouge de là）。牠偏愛饒舌歌，正如牠向壽司小姐[8]解釋的那樣，這位雙子座東道主跟牠一樣滔滔不絕。壽司小姐請牠播放一曲〈種下風的人，收穫暴雨[9]〉（Qui sème le vent récolte la tempête）。全是牠青春的回憶……

相關品種：緬甸貓

相對於牠生活在亞洲的祖先，緬甸貓（Burmese）出生於美國。在一九三〇年代，一隻來自緬甸（緬甸聖貓，英文為 Birman，伯曼貓）、有著深色皮毛的貓，與一隻暹羅貓（Siamois）雜交。結果產出了一隻熱情、容易相處與愛叫嚷的貓，牠的聲音比暹羅貓更柔和。今日，緬甸貓有兩種類型：體格結實的美國緬甸貓，以及英國緬甸貓。

古古和饜饜

一對暹羅貓搭檔，就像兩個受水星守護的雙子星

美國作家莉蓮・傑克遜・布勞恩（Jackson Braun）透過三十部偵探小說，讓年屆四十歲、體型像馬克吐溫且太陽雙子、上升金牛的吉姆・奎爾（Jim Qwilleran）和他的兩隻暹羅貓——古古（Koko）、饜饜（Yum-Yum），躍上了冒險舞臺。

奎爾是一名有酒癮的記者，他失去了妻子和工作，但從富有的姨媽范妮（Fanny）那繼承財產，搬去一個「向北六十公里處」的虛構小鎮——麋鹿鎮（Moose）定居下

6 譯註：羅馬神話的智慧女神。
7 譯註：法國饒舌歌手。
8 作者養的二十歲貓咪，詳見第 6 頁。
9 譯註：出自聖經典故，表示「作惡者必定加倍受罰」，近似俗語「玩火者必自焚」。

來，為當地報紙撰寫專欄。雙子座雄貓古古，首先踏進他的生活，緊接著到來的是小雌貓饜饜。夏洛克．奎爾和古古．華生便組成了一對非同凡響的偵探搭檔，因為古古是一隻洞察力靈敏的貓。

由於天生具有「遠高於平均值」的六十根觸鬚，讓古古有幸發展出一種非凡的感應能力，即便牠只是一隻貓！當牠感應到謀殺案發生，便會大聲尖叫，跳起一支死亡之舞去示意主人。當牠不倒著閱讀報紙頭條時，還能解讀人們的想法。在每一回案件中，牠都會幫助奎爾：從書架上抓落一本含有線索的書，助他解開謎團。古古十分聰明。牠會留意奎爾在打字機上敲打的鍵盤和推回到滑動架。可以說，牠「幾乎」會在機器上打字，而且古古是唯一擁有附照片榮譽記者證的貓。這種像水星人一樣健談的貓有時也會和野外的火雞聊天，或者挖出一條尚未被偵探認可的特殊線索，例如：一把大鑰匙。古古的血液中也保有節奏感，會用牠的尾巴敲打著節拍。

饜饜，是有著神爪的小貓。牠觸覺敏感，是個神偷。對坐墊十分敏感，肱骨特別靈活，牠可以偷東西、解開鞋帶、解釦子和藏匿許多小玩意兒。當犯下了蠢事或是冷戰的時候，饜饜會開始斜眼看人，而古古則是裝聾作啞。

古古總是背對著北邊吃飯，如果饜饜逮到機會就會從左邊接近牠的盤子。兩隻貓都喜歡香草奶油，龍蝦則是牠們最愛的菜，而且從不吃垃圾食物。古古和饜饜喜歡人們為牠們朗讀——古古還是圖書管理貓。牠們一定會在冰箱上方的藍色墊子上互相依偎熟睡。多麼奢侈的貓啊！

♋巨蟹貓

從6月22日到7月22日
元素：水象（創始型）
主宰行星：月亮
掌管的身體部位：胸部、胃、女性生殖器官
顏色：白色
敏感、浪漫、愛好音樂者、情緒起伏不定

牠的主宰行星：月亮

陰性的月亮掌管衝動、感覺和敏感性。這是夢想與潛意識的行星。它對應童年並統御著巨蟹座。

月亮是生命的守護者。它統治著生育和不育，激發母性和保護的本能。與母親的分離，是巨蟹座小貓生命中特別脆弱的過程；在不良條件下斷奶也是其中之一。

月亮的影響經常使得巨蟹貓溫和、害羞、情緒化、內向。

如果這些自然傾向受到阻礙，月亮的負面影響會使牠過度緊張、被動、冷漠與善變，一言以蔽之：喜怒無常。

牠的性格

對於巨蟹貓來說，主人和房子是一個不可分割的整體。這個夢幻而有些自戀的動物，需要感覺被所愛的人包圍，牠無法忍受孤獨。溫柔的表現能安撫杞人憂天的本性，牠的安撫需求龐大。

常規和習慣能馴化牠。比如一旦受到制約，牠在用餐時會變得特別遲鈍。

巨蟹貓富有親和力，在觀眾面前，牠會極力展現自己而不是羞怯。如果牠遠離同伴的話，那就是因為太吵鬧了。相對地，牠喜歡音樂。一如牠的雙魚座朋友，牠對振動聲非常敏感。

優點

對自身周遭波長特別敏感的巨蟹貓能理解主人，或更確切地說，比起其他貓，牠對你的感覺更敏銳。牠也是一位音樂愛好者。

缺點

極度敏感是牠的消極面：巨蟹貓可以無緣無故地翻臉如翻書，讓人費解。牠對自己習慣的依戀癖，有時候令人難以忍受。

牠的氣質類型：淋巴質

淋巴質的貓主要受消化器官影響。一般來說，口部下緣寬闊、鼻子稍大、下巴短且耳朵大。牠以緩慢的步伐移動。

牠的外型

與同類或同品種的貓來說，體型較矮小，巨蟹貓容易長得豐滿，因為這是一個愛好沉思的貓，而不傾向運動。牠的臉總是流露出驚訝的神情。

牠的社交能力

- **巨蟹座雄貓：**牠表現出相對的獨立性。比起長時間的單獨徒步旅行，更偏愛陪在主人（可能還有牠同品種的家人）身邊。
- **巨蟹座雌貓：**情感豐富，對牠的孩子和對人類的孩子一樣充滿母愛。
- **巨蟹座小貓：**敏感、有點害羞。你必須讓牠先主動，好令牠安心。
- **面對訪客：**理論上牠待客殷勤，除非客人很聒噪。如果有人對牠感興趣，牠可能滿懷感激。
- **和孩童相處：**這個對象令牠很感興趣，而且賴定他了。

十度區間

- **第一個十度區間（6月22日至7月1日），由金星守護：**這隻巨蟹貓情緒化且非常敏感，也容易受影響。牠是運動的跟隨者，但不是發起者。
- **第二個十度區間（7月2日至12日），由水星守護：**頭腦聰明絕頂，也善於表達。容易適應環境。
- **第三個十度區間（7月13日至22日），由月亮守護：**溫和且愛幻想，本命落在第三個十度區間的巨蟹貓，也可能變成喜怒無常的動物，有時令人費解。

牠的健康

巨蟹座掌管胸部、胃部、胰臟與雌性生殖器官。這個星座的貓容易出現消化系統疾病。必須留意牠的飲食，禁止過於豐富的飲食。牠可能有輕微的暴食傾向。

要仔細追蹤雌性的子宮和卵巢。

這隻貓的心靈脆弱，貓科動物行為專家可以幫助你改善情況，甚至解決可能的問題。

牠的移動性

對於這個依戀家庭的動物來說，旅行是一種考驗。旅行時，如果可以的話，讓巨蟹貓待在你身邊，會讓牠感到安心。

牠的友誼、愛情、親密關係和點頭之交

‧誰適合當巨蟹貓的主人？

金牛座或獅子座的主人能滿足巨蟹座動物。誘人的巨蟹貓迷住了情緒化的金牛座，並勾引愛美的獅子座。

牡羊座主人對這種敏感的動物來說太火爆了。與雙子座主人很難達到協調，這個輕佻而衝動的人類擾亂了巨蟹貓，牠眷戀於自己規律的節奏和重複的儀式。

熟諳某種處世之道、禮貌周到是巨蟹座人類和動物同居生活的特點，但是會過得很枯燥乏味。

陪伴在一絲不苟、井井有條的處女座主人身邊，可以勾勒出愉快的生活藍圖。雙

方對自己的許多習慣有著相同的依戀。

如果天秤座主人不認為自己的寵物是絨毛玩具的話，雙方可以和睦相處。與天蠍座主人的交流瀰漫一股神祕感。他們共享一個奇妙難解的世界，並以深奧玄祕的事物充實自己的心靈。

樂觀開朗的射手座與巨蟹貓能「笑容滿面」地和諧相處。

呈一百八十度對立的巨蟹貓與摩羯座主人相處時——儘管巨蟹貓的心血來潮會打亂摩羯座的按部就班，但雙方能在安全和忠誠的相同需求上，共築愛巢。

心不在焉的寶瓶座將考驗巨蟹座的敏感神經。不過，同居生活將是一個令人熱血沸騰的體驗。

一種趣味性和童心未泯的默契，將巨蟹貓和雙魚座人類凝聚在一起。

• 愛情歸宿

巨蟹座－牡羊座：相遇的機會渺茫——一方筆直向前走，另一方橫著走。

巨蟹座－金牛座：雖然金牛座表現笨拙，但魅力十足。

巨蟹座－雙子座：雙方都懂得討好的藝術，有機會彼此取悅和交配成功。

巨蟹座－巨蟹座：只有在共枕眠時，雙方才會流露柔情。

巨蟹座－獅子座：如果給牠們一些時間，一切都有可能。

巨蟹座－處女座：雙方得克服膽怯，處女座也要再機靈一些。

巨蟹座－天秤座：施展魅力、誘惑力，接著就……

巨蟹座－天蠍座：一見傾心，保證生出一窩小貓。

巨蟹座－射手座：很有可能互不理睬。

巨蟹座－摩羯座：自然而然的氣味相投，輕鬆產下後代。

巨蟹座－寶瓶座：講求科學邏輯的交往方式，不妨實驗看看。

巨蟹座－雙魚座：不被理解的雙方能心心相印。

星座貓的雲上狂想

順著流星拖曳的軌跡，巨蟹貓數著星辰。雖然牠不懂算數。於是，當牠等待白晝從黑幕中升起，等待懶洋洋的雲朵乘載自己，啟航至雲端上的國度前，牠夢想著另一個世界。

- **牠的綿軟王座：**色調一致的白色坐墊——或許是安放在牠飄渺雲朵上的柔軟羽毛枕……白色之於希臘人是純潔和幸福的顏色，而對這隻愛做夢的貓來說，是一絲絲的天真和微理想主義。牠的播放列表中有平克・弗洛伊德（Pink Floyd）的致幻歌曲〈迴聲〉（Echoes）。在雲端的另一頭，這位加菲貓（Garfield）好友，肥碩又懶惰的貓，討厭貓食卻喜歡千層麵，深陷在軟綿綿的棉絮物中，沉浸在牠聆聽的音樂裡。

相關品種：緬甸聖貓[10]

這隻腳掌穿戴著手套的長毛貓，與纖弱、性感以及愛宅在家的巨蟹貓很相似。傳說在二十世紀初，一位英國人從緬甸的一座寺廟裡偷走一對貓伴侶。雄貓在渡海過程中死亡，但抵達時，人們發現雌貓懷孕了。後來把產下的一隻雌貓與暹羅貓雜交，因

10 譯註：即伯曼貓（Birman）、波曼貓，本處取法文翻譯緬甸聖貓（Sacré de Birmanie）。

而生下了第一隻緬甸聖貓。

約瑟夫——現在是凌晨五點，全巴黎正熟睡中

喬治・西默農（George Simenon）的小說《被謀殺的貓》[11]（*Le Chat assassiné*）在一九七一年被皮埃爾・葛尼耶－德菲（Pierre Granier-Deferre）改編成電影《貓》，並由尚・嘉賓（Jean Gabin）和西蒙・仙諾（Simone Signoret）主演，其名氣遠遠蓋過了這部獨具質感的小說。

埃米爾（Émile）和瑪格麗特（Marguerite）：在暮年結合的兩個生命，就像一對承受年老和孤獨的拐杖。兩人性格截然不同——他是一位退休工人，性情不假修飾而暴躁；她，愛好打扮而吝嗇。他們分別來自拉桑特區的工人家庭和地主家庭，該地區正面臨拆除。他們原本就是鄰居，埃米爾娶了一個開朗的好女孩，瑪格麗特嫁給一個優雅而出色的首席小提琴家。階層不同的兩戶人家雖能共享同一個社區，但不見得能一起生活。在各自成為鰥夫寡婦後，他們才與對方結婚。但是在新郎的聘禮中，包含他的貓——約瑟夫（Joseph），埃米爾相當依戀牠，而瑪格麗特卻無法接受。結婚第

六年，他們的關係急劇惡化。她把他當僕人對待，他把她看作婊子，並在體貼的小桑塞爾酒吧老闆奈莉家中，把瑪格麗特忘得一乾二淨。

某天，老男人因流感臥床不起，「那隻雨溝裡的粗野貓」——被瑪格麗特如是稱呼的約瑟夫，人間蒸發了。當埃米爾在地窖裡發現自己的愛貓被老鼠藥毒死時，他立即知道罪魁禍首是瑪格麗特，也明白她想透過這隻動物來傷害他。他把復仇轉嫁到瑪格麗特養的鸚鵡可可（Coco）身上，牠是算清總帳的無辜受害者。埃米爾拔掉牠的尾羽，把它們當成花插在花瓶裡。鸚鵡也死去，瑪格麗特以稻草塞滿牠的軀體。這場陰險、沉默的戰爭爆發了。雙方都沉浸在輕蔑彼此的沉默中，兩人形同陌路。他們不再交談，而是在揉成球狀的紙片上交換文字，扔到對方的腿上。公貓的謀殺事件令埃米爾使用的字眼變得毒辣，他反覆提起「那隻貓」，要讓瑪格麗特背叛的事實永遠存在，並無情地激起她的內疚感。

11 喬治・西默農（George Simenon），1967年。

兩人維持各自的日常喜劇節奏：把自己的食物櫃深鎖，生怕被對方毒害；他們「消磨時間」：互相觀察、互相躲避、像敵人般互相窺視，被一股永不回頭的仇恨所驅使。同一時期，某天埃米爾離開她、到小桑塞爾酒吧避難時，瑪格麗特還是會跑去找他。因為無論如何，他們的生活少不了彼此。

♌ 獅子貓

從7月23日到8月22日
元素：火象（固定型）
主宰行星：太陽
掌管的身體部位：背部、眼睛、心臟
顏色：橘色
驕傲、充滿熱忱、自信、熱情

牠的主宰行星：太陽

太陽是活力之源，產生能量、力量、性格與意志，激發創造力。這個行動和光明之星，主導著獅子座，象徵著成年。太陽賦予並維持生命。

受此行星影響的貓擁有結實的體魄。

這隻小貓很笨拙，但特別有抵抗力。

當牠成年時，其體格非凡、具有威嚴。雄貓是個領導者，健壯而有保護慾。這隻高貴的貓也很勇敢，如果是出於（牠眼中）正義的理由，也能做到犧牲奉獻。

在太陽的負面相位下，獅子貓有可能成為真正的暴君、傲慢的貓科動物，甚至是徹頭徹尾的冷酷無情。

牠的性格

作為一個獅子座的貓科動物，就該承擔他人的期待。獅子貓是巔峰、莊嚴和成熟的象徵，體現對自我性格的肯定。光是展現自己的形象，就足以讓牠開心。牠喜歡孤芳自賞或受到讚佩。對自己強健的體格深有自覺，並認為人們以牠的公允價值來欣賞自己是正常的事。然而，假如表面上獅子貓對所有人都顯得高高在上，那是為了隱藏某種羞怯，尤其是在陌生人面前。在居家豢養時的親密感包圍，以及在牠們溫柔、善良、寵溺的主人陪伴之下，牠更能卸下心防。

當獅子貓自信滿滿時，牠是一個令人愉快的伴侶，即使牠的佔有慾很強，就像個——惡霸一樣。

牠是征服者和勇者，這是一個忠誠而可愛的動物，但牠也知道當自身財產受到侵犯時，該如何展現自己。

優點

獅子貓自動自發和善良，不會記恨。心臟是牠掌管的身體部位，牠也懂得運用由高至低、各種音階連奏的響亮咕嚕聲，去求得原諒。

缺點

所有的貓都很懶惰，但獅子貓比其他貓更懶惰。他根本把自己當作國王，當牠被叫喚時，會節省自己體力，寧願對方移動過去為牠效勞。

牠的氣質類型：膽汁質

膽汁質的貓是標緻的帥哥美女，或者身材非常勻稱的傢伙。牠們也是運動健將。擁有強壯、精實線條的體格。牠散股一股能量、發出美妙的音調。牠的目光筆直、銳利，臉型非常平衡。鬍鬚比起平均來說可能更飽滿或更長。擁有一個結實或方正的鼻子與有力的脖子。膽汁質類型的貓是個領導者。

牠的外貌

獅子貓當中，存在兩種不同的體型：一種身高高於平均、一種低於平均。真正令他們與眾不同的是，他們的頭部特別寬或大。

牠的社交能力

- **獅子座雄貓：**牠當然知道自己俊美！這個個頭嬌小的獅子座雄貓自命不凡，需要被崇拜。此外，這個佔有慾強的動物不太贊同分享感情（其餘事物也是）。
- **獅子座雌貓：**牠有自己種族驕傲的優雅儀表。當惱火時會賭氣，以最強烈的蔑視拒人於千里之外。牠再度發起的征服是賦予你的榮譽。

• **獅子座小貓：**牠總是試圖引起注目，使人們對自己感到興趣。獅子座小貓精力充沛、情緒激動且討厭孤獨。對於這種敏感的動物，與其強加你想灌輸給牠的規則，不如改成提出建議。

• **面對訪客：**如果獅子貓屈尊移動，牠會保持一定的距離、保留撤離的可能，並在己方處於優勢的情況下，把自己看作是一件在檯座上展出的藝術品——特別是讓自己受到所有人的欽慕。牠愛所有人，不在乎其餘的事，但最關切的是自己對他人產生的影響……

• **和孩童相處：**小孩天生的笨拙會影響牠的莊嚴，獅子貓不太親近他們。當有好幾個小孩時，就更需要勇氣了！牠會逃到自己眾多藏身處之一去避難。但是，如果只有一個嬌小又牙牙學語的幼兒，牠會更感興趣，也更善解人意。

十度區間

• **第一個十度區間（7月23日至8月2日），由木星守護：**第一個十度區間的貓行事極端，而且經常能僥倖逃脫，因為牠很幸運。是一位難以馴服的領袖。

- **第二個十度區間（8月3日至12日），由土星守護：**這類獅子貓的任務是保護和讓貓族團結一心。
- **第三個十度區間（8月13日至22日），由冥王星守護：**第三個十度區間的貓散發出一股力量。反應可能很兩極化（甚至偶有虐待傾向），但牠懂得自我承擔。

牠的健康

假如獅子貓有股強大的生命財富，牠會將其消耗在花費精力的事物中，有時會直到精疲力竭。

獅子座與背部和心臟有關。在最壞的情況下，牠發生心臟病的可能較高，那麼牠也容易患上心理疾病——確實，如果牠感覺缺乏歸屬感（或是並非身處聚光燈之下），可能出現各種行為問題。

另一方面，儘管牠體格堅實，仍必須留意牠體內的鈣含量。

牠的遷移性

一如我們所見，獅子貓的心臟很敏感，但牠也可能容易噁心反胃，並且在汽車或交通工具中染上重病。些許的鎮靜劑可幫助牠克服旅途中的艱難。

牠的友誼、愛情、親密關係和點頭之交

• 誰適合當獅子貓的主人？

與其他火象星座（牡羊座和射手座）在一起時，雙方都懂得如何激發對方潛力。牡羊主人將為貓咪的豐功偉業感到驕傲；跟射手座相處時，生活自然地在和諧之中安頓下來，毫不費力。

與金牛座主人在一起，一個支配、一個順從，猶如骨牌效應。比賽不到最後關頭不知勝負，取決於雙方表現出來的（性格）明亮與陰暗面。

要與雙子座主人達成共識，需要一點耐心。先順著對方，一旦頻率對上後，兩人便默契十足，一搭一唱。

獅子貓在與他同個星座的主人陪伴下，感到賓至如歸。各自都沐浴在另一方的閃

耀光芒中。

與巨蟹座主人在一起，牠會感覺受到保護、不受外界干擾，但牠會對自我缺乏一些認知。

在天秤座主人身邊，魅力發揮作用，生活將融洽和諧。

處女座主人身在陰影中，任由寵物發光發熱。

天蠍座男主人跟一隻獅子座雌貓的相處很複雜；相反地，天蠍座女主人與獅子座雄貓的相處就容易得多。

與摩羯座搭在一起時，沒有一方會處於健康的最佳狀態或釋出更多的好感。

相反地，與一百八十度對向的星座寶瓶座在一起時，產生的吸引力如夢似幻，他們彼此著迷，卻又如此大相徑庭。不是大好就是大壞。

如果雙魚座的主人不對牠過度呵護或令牠感到喘不過氣，而是看著獅子貓綻放生命力，那麼他們會一起玩得興高采烈。

・愛情歸宿

獅子座－牡羊座：飛蛾撲火似的愛情，生出一窩美麗的小貓。

獅子座－金牛座：利爪相向的愛情，對感官的追求不同調。

獅子座－雙子座：彼此都容易敏感，談起戀愛有難度。不過獅子貓早已暈船。

獅子座－巨蟹座：相守一天，就是一輩子。

獅子座－獅子座：就如迪士尼動畫中，泰山被征服了，而珍妮墜入愛河。

獅子座－處女座：熱力十足的太陽配上驚慌的土象星座。這組合最好避免。

獅子座－天秤座：除了調情還是調情，至於愛情的開花結果，如果牠們最終能下定決心的話……

獅子座－天蠍座：星體和本能上毫不相容，反覆無常、頻頻較量的愛情。

獅子座－射手座：互相嬉鬧的一對，生下幸福的貓寶。

獅子座－摩羯座：錯綜複雜的關係，迂迴的調情拉鋸，充滿變數的結果。

獅子座－寶瓶座：不是長長久久就是老死不相往來。

獅子座－雙魚座：假如見面時間短暫的話，有可能配對成功。

星座貓的雲上狂想

牠的獅子吼只順利召喚了暴風雨，看看牠做了什麼好事。獅子貓一定是在等待暴風雨中的片刻寧靜，好看到雲層伸展開來，就像一場午寐過後。這是個不可能實現的夢想嗎？當然不是。我們可是在虛無飄渺的國度裡。

- **牠的綿軟王座：**想像一個安置在厚厚雲朵上的寶座，猶如一頂王冠。座上有一個橙色的靠墊，它的顏色溫暖而有活力，喚起情感。這也是廣告的色彩，牠特別感謝我們為牠打廣告。在牠的天空中轉動著一顆七彩霓虹燈，背景音樂是黛莉達（Dalida）的〈在豔陽高照之地〉（Kalimba de luna），是精心打造又閃亮的迪斯可時期……伴隨著必備的幾段混音。在舞池中，牠的死黨「西蒙的貓[12]」（Simon's Cat）舞力全開。這位冒險家探索貓咪／人類關係的全新體驗。牠愛死迪斯可了！

12 西蒙．托菲爾德（Simon Tofeld）的同名漫畫主角。

相關品種：藍波斯貓

對於尚．考克多[13]（Jean Cocteau）來說，牠是「貓中之王」，無可爭議的貓科動物君主。威嚴的外表，高貴的性格。完全展現君主制度的儀表風範。這隻美麗的貓聰明、獨立且脾氣古怪。牠是國王或帕夏[14]（Pacha），一切都由牠說了算。

薩哈──正沐浴在陽光底下

在柯蕾特（Colette）的《母貓》[15]（*La Chatte*）一書中，阿蘭（Alain）和卡蜜爾（Camille）訂婚並結為連理。這是一個「皆大歡喜」的婚姻安排，即符合兩個家庭的經濟利益。但這符合他們的心願嗎？年輕人和他的貓選中了彼此，兩情相悅……薩哈（Saha）的下巴如猛獅般顫動，並擁有一身「如美人衣領褶邊」的皮裘。熱力十足的母獅在陽光下容光煥發，或在窗前投下牠的剪影。如同「臉頰肥鼓鼓的小熊」或「小藍鴿子」（這隻貓是沙特爾品種），牠總是能擺出突顯自己優勢的姿態：楚楚動人，或是訴說衷情，對牠的年輕主人表現得全心全意。似乎沒有人能夠插手干預這種排他的、充滿激情的關係。因為，真正的故事、真正的伴侶、親密無間、毫無保留的愛等，都是阿蘭和薩哈的。

相反地，卡蜜爾和薩哈就像是杵在穀倉中間的母狗和母貓。當卡蜜爾一現身，薩哈就躲起來，阿蘭則立即開始尋找牠，引起另一方的嫉妒……兩個雌性動物發自內心地互相憎恨。薩哈不親近她，而卡蜜爾把牠當作對手，阿蘭偶爾會反駁，卻表現得唯唯諾諾。婚禮儀式結束後，這對新婚夫婦離開了在納伊（Neuilly）的家，暫居巴黎的朋友家。難以承受分隔兩地，薩哈不再進食，一心等待牠的年輕主人——阿蘭亦無法忍受分離。他想念和薩哈共度的夜晚。他以薩哈健康日趨衰弱為藉口，把牠帶回了新家，兩個雌性動物之間的爭端無止無休。無論如何，阿蘭越是希望雙方關係和緩，就越會為了支持他的貓咪，而使嬌妻處於下風。例如，認為「卡蜜爾平凡無奇而薩哈是貴族」，或說卡蜜爾「不理解貓的語言」，薩哈為了讓她自在，總是和她保持距離。直到某天貓在本該致命的意外中逃過一劫，這隻野獸藉著「恐懼的汗水」給出線索，指

13 譯註：法國著名詩人、劇作家。

14 譯註：奧斯曼帝國行政系統裡的高級官員。

15 《母貓》（*La Chatte*），柯蕾特（Colette），1933 年。

出殺牠的劊子手。阿蘭終於宣讀出牠期盼已久的判決……

在小說裡，薩哈一直都在場，無論是當面或是間接的：當阿蘭因牠的消失而尋找或呼喚牠時；當卡蜜爾較長比短、試圖拿取或竊取絕不會屬於她的東西時（或者牠永遠不會給予她的東西）。這充分說明了貓咪在一個家、在我們生活中的存在樣貌。

♍ 處女貓

從8月23日到9月22日
元素：土象（變動型）
主宰行星：水星
掌管的身體部位：腹部、側腹、內臟、腸道
顏色：灰色
邏輯性強、多變、具直覺力

牠的主宰行星：水星

水星對應於青春期，即探索的年齡。這個行星象徵著思想、理性和智力。

受其影響的處女貓特別聰明，牠擁有土象的、實事求是的智慧；而風象星座雙子座的水星，能讓其成為常保活躍、不斷適應的高手。身體或思想上的流動性，使水星人有所不同。在貓的語言中，這可能類似於能量、波長的移動。

牠天生長袖善舞和忠實，需要溝通並和人類交流。閒暇之餘也可以是喜劇演員。這隻貓同樣是一個令人憐愛的沉思者，喜歡觀察周圍的世界。在負面相位的影響下，牠變得恐懼、狂躁、過度在意清潔或對食物吹毛求疵。

牠的性格

處女座是一個土象、秩序、睿智和純淨的星座。這個星座的貓咪很平易近人，只要尊重某些基本規則：在持久不變的習慣循環規範之下，維持良好的貓砂盆清潔和生活衛生。

謹慎又相當內向的牠們，卻好奇心十足，這使牠對世界上最意料不到的領域感興趣。牠的分析能力、有條理的思維，使牠容易經歷各種經驗。

處女座的星座與第六宮是相對應的位置，後者是管理——尤其是那些比自己低微的對象，牠傾向於保護最弱者：那些迷失或誤入歧途者。

優點

處女貓是忠誠盡責的保護者。牠可以付出奉獻直到犧牲，因為牠對主人的忠誠是無止盡的。此外，處女貓是精確的典範，因為當牠要做一件事，便會做到盡善盡美。

缺點

過度龜毛。處女貓執迷於秩序和整潔。牠有滿滿的怪癖和習慣。毫釐之差便能讓牠渾身不對勁：只要一個反常態、稍髒的貓砂或餐碗就夠了。

牠的氣質類型：神經質

神經質者是敏感的、易受影響與易怒的。情緒化的牠需要保護自己，避免受到他人傷害；天性杞人憂天的牠可以毫無預警地突然失去冷靜，也可能忽然表現得呆若木雞或猜疑。

處女貓相當纖細——甚至是孱弱，精神緊繃。雖然看似脆弱，但卻意志堅定且吃苦耐勞。牠活動敏捷，帶著凌亂的步伐；牠的眼神時而憂心忡忡，富有表達力。事實上，牠很難適應新奇事物。

牠的外貌

處女座對應於男性十八至二十歲的年紀。處女貓較瘦長，有時體型偏小。頭型碩大，身材纖細，甚至削瘦。

牠的社交能力

- **處女座雄貓：**這是個柔情似水的傢伙，但不一定會表現出來。雖然牠很抑制感情的流露，但當與主人（或其他人）交流時會變得非常大方，因為交流對牠來說是必需的。
- **處女座雌貓：**牠敏感而忠心耿耿，也極度需要分享與交流。牠有自己的一套邏輯，並且懂得如何讓它被理解。

- **處女座小貓：**牠大膽魯莽，也許有些過頭了。與其妨礙牠體驗，不如在牠衝動時陪伴在側。
- **面對訪客：**假如他們不是過於聒噪以及待得太久，處女貓能容忍他們。經過長時間的觀察後，牠會小心翼翼地接近，而不讓自己被撫摸。
- **和孩童相處：**按理來說，他們對牠來說過於好動了。然而，當一隻小貓和一個孩童一起長大，他們之間的友誼將會長存。

十度區間

- **第一個十度區間（8月23日至9月1日），由太陽守護：**直覺靈敏、敏感。為了對話和交流，牠會彰顯自身的存在感，並強加見解於他人身上。
- **第二個十度區間（9月2日至13日），由金星守護：**天性矜持，這區間的處女貓才華洋溢，在實驗和探索之中表達自己。
- **第三個十度區間（9月14日至22日），由水星守護：**良好的分析能力和奉獻精神是牠的特色。

牠的健康

處女座與腹部、內臟和腸道有關。即使牠們的體格較低於平均值，但腳卻十分結實，雖然外表看不出來。處女貓容易出現消化功能的疾病，需注意是否定期排便。由於牠容易因情緒影響積累成疾，因此每個小傷口的治療務必要毫不拖延，以免惡化擴大。最後一點，這隻緊張內向的貓容易染上皮膚病和過敏。

牠的遷移性

儘管處女貓是好奇寶寶，但牠不愛移動。因此，遷移必須分階段進行：為牠戴上項圈、讓牠習慣，向牠介紹旅行包等。然而，在重要的日子裡或許得施展小心計，以出其不意的方式逮住牠，否則出發時間可能沒完沒了地延宕下去。尤其是因為牠緊張的性格，要完成這項任務並非易事。遇到搬家的時候，牠需要一些時間來適應。

牠的友誼、愛情、親密關係和點頭之交

• 誰適合當處女貓的主人？

最理想的主人是和牠一樣同為土象星座的金牛座或是摩羯座。愛宅在家的金牛座維持令處女貓安心的節奏；跟忠實的摩羯主人在一起亦然，他會尊重牠的習慣和約束力，好讓這隻動物安心。

相反地，牠們與牡羊座主人相處較不融洽。這個精力充沛的主人，可能會使恬靜的處女貓感覺七上八下。

對於需要主人有固定習慣的處女貓來說，雙子座太天馬行空了。

跟金牛座一樣戀家的巨蟹座，待在這樣的主人身邊，這段情投意合的關係，讓貓咪在甜蜜的家中發出響亮的呼嚕聲。

與獅子座主人的相處帶著一些緊張與害怕。但是，假若他不要太過刺激貓科動物敏感神經的話，某些人（動物）也許喜歡這種小打小鬧的愛情。

兩個處女座的關係得以維繫。前提是這位患有憂鬱症的主人，沒有讓他的貓變得無病呻吟……

天秤座主人和處女座貓的關係如膠似漆，只希望其中一方沒有過強的佔有慾。

與天蠍座主人相處，害羞的處女座可能會對這個時而古怪的人類感到不自在。

跟射手座主人的配對同樣不理想。射手座的好奇心引起處女座的冷眼相待。他們之間的行星排列並不相合。

在寶瓶座主人身邊的話，這段關係將非比尋常，但並非不可能，儘管他們的天性大相徑庭：一方尋找自由，另一方要求安穩。不過當有股魔力的時候嘛……

與對分向的雙魚座主人之間有強大吸引力。任勞任怨的服務可以成就幸福。只要雙魚座的一派輕鬆和無憂無慮，沒有干擾刻板的處女座。

• 愛情歸宿

處女座－牡羊座：只需牡羊座有無限柔情。

處女座－金牛座：白馬王子遇到夢寐以求的公主。生出一窩迷人的小貓。

處女座－雙子座：對講究的處女座來說，雙子座太不拘小節了。

處女座－巨蟹座：伴隨溫柔與幸福。

處女座－獅子座：基於義務的結合繁衍。

處女座－處女座：牠們的羞怯可能搞砸一切。

處女座－天秤座：契合的伴侶，順利產下小貓。

處女座－天蠍座：即使是雙方出於犧牲奉獻的心態，也不建議這組配對。

處女座－射手座：毫無吸引力，沒有看對眼的機會。

處女座－摩羯座：全然地依戀共組的家庭。

處女座－寶瓶座：如果處女座不表現得杞人憂天，可以談場短暫的戀曲。

處女座－雙魚座：長久圓滿的和諧關係。

星座貓的雲上狂想

兩座山峰之間，橫亙著一座堅固的木橋。有如草食恐龍脊背一樣的鋸齒狀山峰上方，流淌著一團焦糖奶油。不可能？不，在縹緲雲霧之中，沒有實現不了的事。

- **牠的綿軟王座：**在一片扁平且不太高的小雲朵上，有一個代表中性和缺乏激情的灰色或是銀色軟墊。牠舒適地窩著，聆聽牠的大眾音樂播放清單，並播放著阿爾及利亞裔的歌手瑞奇・塔哈（Rachid Taha）專輯。當有人敲敲牠的雲朵之門時，牠看見一隻逗趣的大耳貓現身，後者自稱是猶太長老的靈貓[16]（Le chat du rabbin），真名印和闐（Imhotep）。印和闐向牠描述自己的生活，並和牠談論所有宗教的信仰。為轉移注意力，處女貓放了瑞奇・塔哈翻唱的〈搖滾吧卡斯巴〉（Rock the Casbah）並把音量調高，印和闐非常喜歡。更重要的是……當牠聆聽的時候，我們再也聽不到牠講話了。

相關品種：歐洲貓

其純樸、活躍的性格和作為寵物的優良品質，令人聯想到處女座的象徵。而且牠是受法國民間歡迎的雨溝貓（chat de gouttière）表親（雨溝貓沒有血統，而歐洲貓則記載於LOOF貓科血統官方證明書中[17]）。這隻貓有銀灰（處女座的顏色）和黑色虎紋，有

16 出自喬安・史法（Joann Sfar）的漫畫系列和電影《猶太長老的靈貓》（*Le chat du rabbin*）。
17 編註：全稱為 Livre officiel des origines félines，是法國出生純種貓的族譜登記冊。

時眼睛是綠色的，鼻子偏紅色而不是粉紅色。身材非常結實。

穿靴子的貓[18]——水星型的騙徒

當磨坊主人去世時，他的三個兒子中排行最小的一個，得知他只繼承了「一隻貓」。他的大哥得到了磨坊，而他的二哥繼承了驢子，他失望地心想：「當我把貓肉吃完，再拿牠的皮毛做成暖袖套，最後我就等著餓死。」

但他並不知道，這隻貓擁有處女座水星的機敏和靈光一閃的智慧。貓請求他在把牠扔進鍋裡之前先稍待片刻，並為牠找一雙適合他的靴子，這樣牠就可以把計劃付諸實行……特別是打理好他的家務事。就像《叢林奇譚》（*The Jungle Book*）中的蟒蛇卡奧（Kaa），貓對他使出「相信我吧」的伎倆。雖然他看不出牠到底要做什麼，他也能明白這隻貓是一個機敏幹練的密探、一個優秀的老鼠獵手。所以他接受了交易，並給牠一雙靴子。貓再也靴不離身了！有了這項武器，牠就可以加倍施展捕捉兔子和野兔的詭計。牠的狩獵成績如此出色，以至於決定代表卡拉巴斯侯爵——這是牠賦予自己小主人的新名字，將部分戰利品獻給國王。

國王很欣賞這位高貴僕人的行為。自此，穿靴子的貓就不斷向國王進獻禮物、鷓鴣和野味，這些禮物總是來自卡拉巴斯侯爵。一旦建立起信任並獲得國王的友誼，牠便耍弄手段，讓大家相信侯爵是一位富有的男子……經過諸多轉折，小兒子最後娶了國王的女兒，真正地晉身上流。

這篇由文藝復興義大利作家喬瓦尼・弗朗切斯科・斯特拉帕羅拉（Giovanni Francesco Straparola）書寫，再由夏爾・佩羅發揚光大的寓言，是一個透過詭計、謊言和「欺騙」來達成目的的貓咪故事！而且穿靴子的貓還憑藉超乎水準的智力（即使對於一個貓科動物來說也是如此），既救了自己一條小命，又讓牠的主人成為富翁。

18 《穿靴子的貓》（*Le Chat botté*），夏爾・佩羅（Charles Perrault），1697年。

♎天秤貓

從9月23日到10月22日
元素：風象（創始型）
主宰行星：金星
掌管的身體部位：腎臟和膀胱。
顏色：粉紅色
平衡、愛美、迷人。

牠的主宰行星：金星

已經主宰金牛座的金星，也統御著天秤座。這個愛的行星，它賦予你的朋友天秤座優雅與美麗、平衡與和諧——就像金牛座一樣。外型上，牠氣宇軒昂。嗯，牠很有自覺。

金星是艾芙洛黛蒂，象徵女性氣質（有如貓一般的虛情假意？）、青春和情感的覺醒。這就是為什麼主人和動物的初次會面顯得特別重要，因為當天秤貓將自己獻給主人時，就是一輩子。

如果因不得以的形勢所逼而更換主人，對於這個情感豐富的動物來說，將是特別難以克服的磨難。再說，誰也沒把握牠真的能適應得了一個新的人類。

金星貓天生就非常風度翩翩，這種禮貌的鮮明表現是平衡的特徵。這隻超級感性的貓，連腳掌都無比妖嬈。牠也是一隻非常肉慾的貓，有嚴重、強烈的觸碰需求。

如果牠的金星「遭遇負面相位」，牠就會變得難以控制和容易貓爪相向。

牠的性格

一如天秤座所象徵的兩個秤，天秤貓在和諧與平衡之中茁壯成長。這是精緻、衡量標準的符號。此貓是浪漫、溫柔的，牠只喜歡愜意和輕鬆。與牠的主人或家人在一起，天秤貓只求建立一個可以持續一輩子的完美平衡。這是牠最深沉的需要。在和平與和諧中被喜歡、被愛和被欽佩。最重要的是，一旦找到並建立起這個平衡，就不能被破壞。

善於交際，天秤貓適應身旁環境中的一切：總是被環繞、呵護與安撫。牠在本質上相當女性化，總是想取悅他人。如果有時牠表現出猶豫不決的樣子，那純粹是出於想要體貼入微的心。

優點

性情活潑。天秤貓討人喜歡且長袖善舞，熱情而隨和。牠喜歡節日的氣氛、遊戲和娛樂。除此之外，要是我們也敬重牠的話就更好了。

缺點

懶散，牠討厭努力。即使天生的魅力為牠提供了某些保障，天秤貓在牠迷人的小腦袋瓜裡肯定想像一切的根本都歸功於牠。寧願生悶氣，也不願付出絲毫的努力。

牠的氣質類型：多血－淋巴質

多血質主要受到呼吸系統的影響；淋巴質則主要受消化器官影響。多血－淋巴氣質型的貓是個貪吃鬼、容易入睡。牠直覺能力強，總是受到感性的征服而非理性地採取行動。此外，缺乏攻擊性可能使牠容易成為獵物。感興趣的是愛情。對牠來說，愛著牠的主人、覺得自己被愛是不可或缺的「一切」。牠有雙睜得大大的眼睛，一個寬大的鼻子（有時是短鼻）和抖動的鼻翼，以及有力、粗壯的脖子。

牠的外貌

以任何品種、任何身形的義來說，牠都屬於中等身材：天秤貓總是比例勻稱，是穠纖合度的小個子。

牠的社交能力

- **天秤座雄貓：**是典型的寵物貓。牠愛家而迷人，試圖以大量深情表現來取悅每個人。喜歡得到認可，甚至想成為唯一受矚目的焦點，就像牠的獅子座好友。
- **天秤座雌貓：**是一隻具有誘惑力的貓。必須要愛撫牠、疼愛牠，周而復始。牠可能變成家中的黏人精。天秤座雌貓永遠不會明白，為什麼我們除了照顧牠這小傢伙之外，總還有其他事情要做。除了本小姐之外，還會有什麼事呢？
- **天秤座小貓：**牠是一顆溫柔的毛球，從年幼的時候，就已經慷慨地對你灌注無孔不入的深情。但是牠太可愛了！對爭吵毫無興趣。牠需要一個領導者加以訓練並隨之起舞。牠的談判到最後老是以妥協作結，而不是親上火線——因為還有別的要緊事等著牠處理。

- **面對訪客：**牠是一個小外交官，懂得誘哄最糟的麻煩製造者。和牠在一起，輕鬆的氛圍和摟摟抱抱的場面是少不了的……沒人抗拒得了牠。一切都以符合分寸以及溫和的方式進行。
- **和孩童相處：**牠不怎麼熱愛小孩。這些吵鬧的傢伙可能會把牠的毛皮弄亂。但是，由於隨和的天性，牠對他們保持溫柔。但不能靠得太近或時間太長。

十度區間

- **第一個十度區間（9月23日至10月2日），由月亮守護：**這類天秤座貓懂得脫穎而出。牠需要各種活動，並且對變化很敏感。
- **第二個十度區間（10月3日至13日），由土星守護：**第二個十度區間的貓在社群中如魚得水，在團體中建立起權威。

・第三個十度區間（10月14日至22日），由水星守護：牠充滿自信並散發出生活的喜悅；相反地，牠討厭孤獨和孤立。

牠的健康

天秤座與腎臟和膀胱有關。在牠身上很常發生泌尿系統疾病、腎功能衰竭（發生於高齡貓身上）。此外，必須從小讓牠習慣飲水。如果你是替代醫學的擁護者，牠特別能承受這種治療法。對溫度的驟變也相當敏感，溫帶氣候是最適合牠的氣候。

牠的遷移性

牠需要被說服，或是抱著滿腹狐疑……只要牠的主人在牠的身邊，天秤貓可以忍受踏出家門。如果你不得不離開牠幾個小時——或幾日，牠會茫然不已並且非常痛苦。因為牠不但不喜歡旅行，而且討厭孤伶伶或被隔絕在籠子裡。

牠的友誼、愛情、親密關係和點頭之交

• 誰適合當天秤貓的主人？

天蠍座或射手座主人的家，會是這隻細膩貓科動物的理想選擇。與天蠍座的相遇將是天雷勾動地火、充滿吸引力而如夢似幻；和射手座主人之間的吸引力也是一觸即發，他對牠展現全然的保護慾，持續終生。此外，射手座主人懂得營造出在茁壯成長中極為需要的、理所當然的舒適感。

牠的對宮星座——陽剛的火星牡羊座，能夠與脆弱的金星天秤座交流。最好空間夠大，這樣牡羊座的火爆就不會把敏感的天秤貓搞得七葷八素；和一位金牛座主人在一起時，在兩個星座占據重要位置、代表愛情的金星，將感到歡欣雀躍。只不過，金牛座必須尊重天秤座的祕密領域，而不是試圖侵犯它。

跟雙子座主人相處的氣氛無比高漲，他們合得來又意氣相投。

在佔有慾太強的巨蟹座主人身邊，天秤貓會窒息。牠需要受人欽佩，因此要保持（相對的）距離；相反地，牠在獅子座的主人身上能得到此一滿足，他懂得牠的眉角，甚至投其所好。因此在這段狂熱的愛情中，天秤座會想方設法，讓自己從頭到腳

地被愛、讚賞與渴望！

處女座將被這個魅惑的金星迷倒。貓科動物樂於被獻殷勤——有點過頭也無妨。

天秤座女主人和同星座的雄貓有可能和睦相處。但相反的組合就不太理想。嫉妒可以摧毀一切。過於粗魯、直白的摩羯座，不適合這隻嬌滴滴和虛無飄渺的貓，哪管釋出的善意顯而易見也一樣。

寶瓶座人類會知道如何安撫他的野獸，而且，他還是帶頭搗亂的那一位。喔耶！

一隻小巧、開朗與活潑的天秤貓，對雙魚座主人來說非常有幫助。前者沮喪、後者撫慰。各有強項。

• 愛情歸宿

天秤座－牡羊座：完全的分歧，或是劍拔弩張的愛情。

天秤座－金牛座：迅速燃燒的大火。

天秤座－雙子座：出於本能的征服，但雙方的反覆無常令人害怕。

天秤座－巨蟹座：緊迫盯人的殷勤攻勢，很難保證開花結果。

天秤座－獅子座：盲目的愛情，多子多孫。

天秤座－處女座：互補的愛情，融洽的結果。

天秤座－天秤座：可以短暫的同居。

天秤座－天蠍座：令人擔憂的糟糕開端，但後續的故事刻骨銘心。

天秤座－射手座：顯而易見的好感，長久的和睦相處。

天秤座－摩羯座：平淡的柏拉圖式愛情。

天秤座－寶瓶座：友誼般的愛情，最美好的部分在後頭。

天秤座－雙魚座：如果雙魚座的抑鬱不讓敏感的天秤座氣餒的話……

星座貓的雲上狂想

一片盪著鞦韆的雲朵，你相信嗎？不信？那好啊！因為在雲端的國度，沒有一件事物不會「如此般」地發生！一些我們會不可置信的事！

- **牠的綿軟王座**：在形狀最勻稱的雲朵上有一個粉紅色軟墊，是與金星有關、安祥死亡（或是因愛情致死）的顏色。玫瑰，一如其名的花，依附於愛情。這種情慾的顏色歸因於天秤座，猶如理想女性、天上仙女的象徵。這也沒什麼啦！天秤貓和舒蓓特（Choupette）是閨蜜，後者曾經是卡爾・拉格斐（Karl Lagerfeld）的寶貝「繆斯」明星貓。牠跟舒蓓特介紹了許多很棒的爵士經典老歌：「你知道比莉・哈樂黛（Billie Holiday）的〈暴風雨天氣〉（Stormy Weather）嗎，舒蓓特？」

嗯，就是一些女孩的玩意兒……

相關品種：暹羅貓

相傳暹羅貓的鬥雞眼，源於牠在暹羅國王宮廷的身分，牠是皇家寶藏的守衛。暹羅貓並沒有對牠的工作掉以輕心，牠們如此勤奮地盯著寶物看，以致牠變得斜視；另一則傳說講述暹羅貓的尾巴之所以會打結或斷裂，是因為皇家公主將戒指掛在尾巴上，以避免丟失並保護戒指免受小偷的侵害。

維納斯美人——美女小姐

要代表天秤座的話，就得有外貌、女性氣質，又美到炸！一襲潔淨皮毛的金星貓，有著不可抗拒的魅力和維納斯的優雅。這個概念的繆斯，再次來自卡爾．拉格斐的雌性繼承者舒蓓特，但可惜對於這個關於文學名貓的專文來說，舒蓓特太過時尚了。

不管怎麼樣，美女小姐（Beauty）都恰如其分。奧諾雷．德．巴爾札克[19]（Honoré de Balzac）的短篇小說《一隻英國貓的苦戀》[20]（*Peines de coeur d'une chatte anglaise*）中的女主角打從一出生，就因牠的與眾不同和美麗而脫穎而出：牠潔白無瑕的皮裘，使牠免於與同窩兄弟姐妹一起溺斃。美女小姐被一位在鄉下的新教老處女撫養長大，牠必須隱藏一切天生的習性，在維多利亞時代教育的嚴格規範和鐵則之下，望穿秋水等著黎明的到來。女主人的侄女阿拉貝爾（Arabelle）受到牠的魅力吸引，決定帶牠去倫敦。小貓說，這就是美好生活的開端。很快，一位阿拉貝爾的追求者、年邁的貴族，為了成婚，提議把他尊爵不凡的安哥拉貓賜給美女小姐。說完就馬上招來了帕夫（Puff），這隻肥嘟嘟的公貓，已經上了年紀，冷酷傲嬌，卻又如此俊美而受到英國女王的寵愛。事實擺在眼前，美女小姐找不到更匹配的對象了。某天晚上，當未婚妻的貓咪們跑出去聆聽一隻灰貓演講時，貓族集會中出現了布理斯凱（Brisquet）——一隻法國公貓浪蕩子，一隻像無賴一樣、喜歡嘲弄的聖像破壞者。牠愛挑逗的天性，一瞬間引起這個拘謹、守序的禮教階層一陣騷亂。對於異想天開的美女小姐而言，這就是「那道」出口！她立即衝進這個出口中，臣服在瀟灑不羈的拉丁魅力之下，夢想與法國貓一起在雨水溝上，進行美妙的魚水之歡。布理斯凱打開了牠的眼界，喚醒牠採取行動，要不牠本該陪伴陰鬱而矯揉造作的帕夫，在牠的日常生活中日益憔悴地度過餘生。

不幸的是，帕夫的侄子帕克（Puck）某天碰見了法國貓。愛吹牛皮又自負的布理斯凱，為自己引起美女小姐的注意而洋洋得意……自此之後，陰險的帕夫就對牠緊迫盯人。而在邪惡侄子帕克的圈套之下，這一對準情人在屋頂上被活活逮個正著。這位浪漫多情的美女小姐，夢想著與這位「靴貓的直系後裔」共度一生，對牠而言，未來將是悲慘的；而對於布理斯凱來說，牠的死期到了。

在這篇小說中，據說是巴爾扎克把自己和英國伯爵夫人奎多波妮．維斯康堤（Gu

19 譯註：法國十九世紀著名作家，被稱作「現代法國小說之父」，現實主義文學奠基者。
20 巴爾札克，1844年。

idoboni-Visconti）的祕密戀情搬上舞臺，作者描繪並嘲弄英國社會的迂腐和虛偽：指其披著「聖徒的美德」、「來自最幽深的謎團」。這部動物的喜劇和他的《人間喜劇》（*Comédie Humaine*）相反，較為跳脫，其故事出自《動物的公共生活和私人生活場景》（*Scènes de la vie publique et privée des animaux*）一書，由葛蘭維爾（Grandville）為本作品說計精美的插畫。

這裡迷人的美女小姐，代表了在維多利亞時代中，困於嚴峻和煩悶社會裡的英國女性。順從而不食人間煙火的美女小姐，跟隨自己的心意，而牠深沉的、金星般、敏感的、輕盈的、好奇的和藝術的天性——牠對音樂特別感興趣，指引牠走上歡欣的道路，以及行動和思考的自由。但在「這個社會裡」的那個時代，對女性來說，在生活露出微笑，是難以想像、也是絕對禁止的。

♏天蠍貓

從10月23日到11月21日
元素：水象（固定型）
主宰行星：火星、冥王星
掌管的身體部位：生殖器官、膀胱、肛門
顏色：茜紅
祕密、憤怒、神祕

牠的主宰行星：火星、冥王星

火星是能量之星，它賦予天蠍貓勇氣、好奇心以及使牠熱愛運動。但這顆火星也象徵一個以發酵和分解作為終結的自然循環。這種死亡又重生的分解過程，助長了某種攻擊性和破壞性本能。

冥王星──深淵的象徵和黑暗王子，激起天蠍貓對於藏匿之物、陰暗處和神祕的興趣。

在這兩個行星的影響下，小貓被賦予了無可抵抗的魅力，但牠仍輕挑不羈，粉碎任何在牠爪下的一切；尤其強大的冥王星能進一步加強牠對破壞的興趣。還有，記得從小堅定地反覆灌輸天蠍小貓不可超越極限。

牠的性格

這是隻古怪的貓。天蠍貓性格堅強，通常看起來與眾不同。帶有一股擋不了的迷人魅力，與牠的主人或家人能以心電感應溝通。牠需要真正的情感和思想上的交融才能茁壯成長。沒有人理解天蠍貓的運作模式，這就是牠的神祕之處。牠可以一溜煙消失，躲在其中一個不可能的藏身處，而且只有牠自己知曉，彷彿無所不在。此外，牠的佔有慾和嫉妒心強，如果覺得入侵者佔據過多空間，會磨爪霍霍、怒氣相向。一邊準備復仇、一邊伺機而動。然後，繼續進行下一回合……

這種高度敏感的貓喜歡舒適的氛圍，這有利於牠在心靈感應層面的天賦。

在負面相位的影響下，牠會變成施虐者，對他人的耳提面命都大唱反調；在衛生方面，也會惡化。

優點

靈媒體質。天蠍貓能感覺可視和不可視的一切。如果能將此優點分享給有狂熱信仰的主人，牠將是交流驚人體驗的最佳媒介；如果牠的主人對這些玄祕之事無動於衷，他會很難掌握這隻古怪而出人意料的動物。

缺點

極強的佔有慾、嫉妒心以及過於敏感。牠實在厭惡被踩在腳下，可以的話，請試著談判和妥協，但要表現得溫柔。如果天蠍貓被冒犯，你將會嚐到牠的反抗，還有可怕的復仇！至於牠的嫉妒嘛……

牠的氣質類型：膽汁質

膽汁質「肌肉型」的貓咪有著肌肉發達的體格，散發出某種活力。這是一隻強壯的貓。雖然身形嬌小，卻流露出強大的力量。牠的目光筆直而銳利。這隻貓大爺不喜歡受到任何阻撓（玩具或門），遇到前述的情況，牠會沒耐性地生起氣來。這傢伙很機靈。戶外的生活可以抑制這個幫派老大／探險家／鼓動者，避免激發衝動和好鬥的性情。牠胃口佳又食量大。

牠的外貌

天蠍貓雖然身形矮小，但體格健壯。牠可能有雙弓形腿，但肌肉發達。

牠的社交能力

- **天蠍座雄貓：** 牠能感應眾生萬物。這隻貓有靈敏的嗅覺和直覺力。假如牠偶有驚人之舉，是因為本能地嗅到或「察覺」到某種東西，驅使牠做出如此反應。可以在眨眼間轉換自己的情緒。
- **天蠍座雌貓：** 佔有慾強且固執己見，天蠍座雌貓不與任何人分享牠的主人，牠像一隻守護小雞的母雞般深情地注視著他。牠會接納他，講故事給主人聽。牠無法忍受競爭，或是主人對牠這個毛茸茸的標緻貓兒失去興趣。
- **天蠍座小貓：** 牠是如此可愛，又對一切事物極有天份！牠的主人終有一天會相信自己真有一隻神童貓。確實如此……這個小天才擅長學習生活上的技能。天蠍座小貓在條件許可的情況下，會特別喜愛戶外運動。

• **面對訪客：**一眼定生死，不是一見鍾情就是奔去避難處。拐彎抹角那一套天蠍貓做不來，當事人馬上就會知道結果了。牠會視其需要，畫下足夠的警戒線。

• **和孩童相處：**如果想促成一定得付出努力……又如果他們去找牠的情況下，才有機會。因為天蠍貓並不會先踏出友誼的第一步，不是嗎？而且，說實在話，牠對此事毫無意見。

十度區間

• **第一個十度區間（10月23日至11月2日），由火星守護：**第一個十度區間度的貓特別有反抗力、好勝心強，甚至愛爭吵。

• **第二個十度區間（11月3日至11日），由太陽和天王星守護：**在這個區間出生的貓咪絕不妥協和排他，和這隻天蠍貓在任何情感上的競爭都很難應付。

• **第三個十度區間（11月12日至21日），由金星守護：**深情而情感外放，這隻天蠍貓的情緒非常強烈，孤獨對牠而言是痛苦的事。

牠的健康

天蠍座與腹部、生殖器官、膀胱和肛門有關。牠容易罹患和這些身體部位相關的所有疾病。由於心血管較為脆弱，必須留意牠的體重，以免超過正常標準。

牠的遷移性

天蠍貓的天性好奇，任何會動的事物都會引起牠的興趣。那麼為何不來一場小旅行呢？牠不會感到無聊的。無論是透過窗戶觀看鳥群，還是看著田野裡的母牛，一切都令牠著迷。再說，在整個行程中，牠看起來都很忙碌的樣子。

牠的友誼、愛情、親密關係和點頭之交

• 誰適合當天蠍貓的主人？

天蠍貓與同是水象星座的主人——巨蟹座或雙魚座相處得特別融洽。天蠍座奇妙

的宇宙世界，與富有想像力的雙魚座或夢幻的巨蟹座能產生共鳴。對於這一對跳脫常規和「窩居高處」的動物跟人類來說，這樣的連結能創造出一種獨特的氛圍。

和牡羊座主人的相處如履薄冰，對這隻高敏感的貓兒而言，前者的性格太野蠻也太衝動了。

與牠的對向星座——金牛座主人的關係沒有灰色地帶：不是大好就大壞。雙子座主人帶給牠的風暴過於強烈。前者坐立難安，而天蠍貓如老僧入定。他們不在同個水平線上。

儘管有爆發性的好感，但是和獅子座主人的同居關係卻有點棘手。獅子座喜歡光亮、太陽，而天蠍貓喜歡黑夜的神祕，除非跟牠一樣是作息與群星一般的獅子座。

處女座也不理想。這位內斂的主人，將無法安撫憂心忡忡的天蠍貓。

強大的連結將天秤座和天蠍座凝聚在一起。他們默契十足，各自被對方不可抗拒的魅力所征服。還有他們都說著相同的喵星語。

天蠍座主人和同星座的動物之間，一樣有著如膠似漆的契合感，只有其中一方的嫉妒才會打破這種美好的平衡。

快樂、隨和的射手座人類，和這隻黑暗、焦慮不安的動物，只要在光線保持柔和的氣氛底下，就會非常氣味相投。

冷靜的摩羯座、冬季型的人類，舒緩了天蠍座緊張的情緒。

和寶瓶座的組合值得一試。前者喜歡精確科學，天蠍座則是神祕學。誰會勝出呢？

・愛情歸宿

天蠍座－牡羊座：相互尊重，但不確定是否彼此吸引。

天蠍座－金牛座：互補的敏感性，性趣相合。

天蠍座－雙子座：經過開頭艱苦的耕耘後，能順利的產下小貓。

天蠍座－巨蟹座：自然而然的吸引力，記得佈置好撫育小貓的空間。

天蠍座－獅子座：一切取決於準新郎、新娘的心情。

天蠍座－處女座：膽怯、緊張、難以接近，一切跡象都顯得複雜。

天蠍座－天秤座：愛與魅惑的遊戲。提前分出勝負的比賽。

天蠍座－天蠍座：在情愛或恨意之中互相吸引。繁育小貓指日可待。

天蠍座－射手座：充滿神祕和考古般的愛情關係，在昏暗中孕育出一窩美麗貓孩。

天蠍座－摩羯座：平靜、安詳、少有感官層面的享樂，但肯定是惺惺相惜的伴侶。

天蠍座－寶瓶座：古怪的姻緣。儘管如此，這個謎團還是讓牠們像觸鬚掉了般地失去理智。

天蠍座－雙魚座：瘋狂享受肉體關係，神奇地孕育出小貓。

星座貓的雲上狂想

牠從陰影中走出，在紫紅的夜色裡，聽著雲朵用只有它們懂的語言閒聊，這些最甜美的字句，是朝向它們攀升而去的電梯鑰匙。

- **牠的綿軟王座：**牠在聖修伯里（Saint-Exupéry）經過的天空中，闇夜飛行。在一片非常低、部分被層積雲[21]（stratocumulus）掩蓋的層雲[22]（stratus）上，放置

21 譯註：體積比較大、比較暗、邊緣較為圓潤的雲，這類雲通常以一組、排成一線、波濤狀呈現。

22 譯註：一種扁平的灰色雲，低於兩千公尺，可引起陰沉的天氣或小雨。

著一個深紅色的天鵝絨軟墊——這是殺手的象徵色，傳說中，他們是浴血而生的，這也是天蠍貓這隻磨人精的代表色。必須說，在中世紀，人們指控牠具有夜視能力，參加了巫魔夜會（sabbat）！而且，據稱那裡的女巫都變成了貓……撒旦又降臨了！幸好，天蠍貓有七條命，能在社群和同類裡建立牠真實的身份！

為了這放縱的夜晚，天蠍貓邀請了賈不妙（Gargamel）的大笨貓（Azrael），牠特意從藍色小精靈村莊前來；還有從勞伯況（Robert Crumb）漫畫書裡頭蹦跳出的怪貓菲力茲（Fritz le chat），為牠們介紹地下文化、屬於另類搖滾的頹廢搖滾（Grunge）。此外，牠們正在聽超脫樂團（Nirvana）的〈彷彿年輕朝氣〉（*Smells Like Teen Spirit*）。根據最新的天氣預報，似乎所有人都喜歡這首歌。

相關品種：孟買貓

這隻有著一襲烏黑皮毛的豔麗貓咪，在同類中簡直獨一無二。孟買貓由美國的育種專家妮基・霍納（Nikky Horner）在一九五〇年代後期培育出來。

她著迷於孟買黑豹的美麗，想以牠的形象創造一隻貓。妮基・霍納先將一隻緬甸貓（黑貂貓）與一隻美國黑色短毛貓雜交，但結果無法令人信服。要等到她讓一隻緬甸冠軍貓和美國黑色短毛貓之間的再次雜交，並生下二十七窩小貓之後，才培育出她的居家型黑豹。

黑貓——當火星撼動了冥王星（或是邪惡力量和惡之華）

「啊！願上帝保佑我，把我從惡魔的手中拯救出來吧！」被蠱惑、被邪的力量推動的主角說……

《黑貓》[23]（*The Black Cat*）一書是埃德加・愛倫・坡（Edgar Allan Poe）的奇幻小說，法文版由夏爾・波特萊爾翻譯，整本書幽暗而冷酷無情。然而，一切的開端卻如此美好。敘事者，姑且稱他為先生，是一個心地善良的好青年，娶了一個和他性情一致的女人，喜歡動物。他們的家中物品琳瑯滿目，直到一隻貓的到來——一隻聰明睿

23 出自《不可思議的新奇故事集》（*Nouvelles histoires extraordinaires*）。

智的華麗黑貓，命名為普魯托[24]（Pluto）。迷信的女主人後悔這個選擇，因為她認為黑貓是女巫的化身……普魯托憎惡女主人，但完全愛上了男主人，總是以貓爪和鼻子黏著他不放。隨著時間流逝，先生變成了酒鬼，對所有人都嫌惡不已——無論是人類或動物。在幻覺的控制下，他對昨日還喜愛的這隻可憐野獸，施予殘忍的虐待。在精神錯亂的時候，他殘害牠的身體；並在另一次的瘋狂之下把牠吊死。當天晚上，報復從天而降：他的房子陷入火海，雖然他和妻子勉強逃脫，但他的房屋和財產都付之一炬。

然而，先生拒絕將他的虐貓行逕與房屋的崩壞跟黑暗力量扯上關係，即使他發現房子裡仍然矗立的最後一個隔牆上，刻著屬於這隻貓的印記——那條吊在脖子上的繩索。沒多久，他以幾乎一模一樣的第二隻黑貓取而代之，但與普魯托不同之處在於牠喜愛女主人，而先生感到嫉妒。接著，先生再度對牠感到厭惡，女主人犧牲自己，從她丈夫——這位再度變成充滿恨意和報復心的殺手手中解救了牠。而他的自我吹噓，最終讓成為怪物的自己走向滅亡。

這個故事（還有這隻貓）完全符合天蠍特質，也讓我們迷失在冥王（不是指主角貓，而是行星）地底下的黑暗世界。我們被這個飽受折磨的主角所引導，他在癮頭的控制下與魔鬼達成協議，變成了可怕的海德先生[25]。受到仇恨和毀滅衝動的驅使下，他跨越了界限，把不滿宣洩出來，並沒有絲毫的悔恨。自此，他深信自己所向無敵，任何事都阻止不了他。

敘述者，這個陰鬱的男人，把我們拽往人類靈魂的深處，一切都受破壞性的衝動和惡毒的本能所支配，強行施加他的法律、對所有人採取恐怖的手段。在人與惡夢短暫相會、奇妙而可怕的世界裡，這個故事對於深陷惡魔手中的人來說，是多麼殘酷。

24 譯註：羅馬神話中的冥王，也是冥王星的拉丁名稱。
25 譯註：在《化身博士》（*Strange Case of Dr Jekyll and Mr Hyde*）裡，主角紳士亨利．哲基爾博士的另一個邪惡人格。

♐ 射手貓

從11月22日到12月20日

元素：火象（變動型）

主宰行星：木星

掌管的身體部位：後肢（臀部、大腿、腳、坐骨神經）和肝臟

顏色：黃色

外向、樂觀、有運動細胞、獨立

牠的主宰行星：木星

木星掌管膨脹和擴散。這個行星代表慷慨和權威人士，對應成熟與壯年期、正義與幸運。在它的助力之下，你的射手座朋友遇到的任何困難，都會迎刃而解。

這是位探險家、愛好運動者或真正的運動家，在牠最喜歡的運動「賽跑」項目中也是個小冠軍；還個非常敏捷的獵人（為牠不幸的獵物默哀）。

木星型的貓需要擴張、光榮和擴大領土。因為牠最喜歡的是空間、自由跟「他方」，還有瘋狂地活蹦亂跳。

牠的使命也是傳播、引導和灌輸理念；相對地，雌貓不會加以教育牠的小貓，但會做好份內的「工作」。

木星型的貓樂觀而自信，牠享受一切事物。在小時候會很貪吃。當行星處於壞兆時，木星貓會出現倒退行為，在所有糟糕的層面都變得毫無節制。

牠的性格

外向的射手，因他人給予的任何一點關心感到滿足。牠平易近人，容易融入和適應。一下子就能贏得一切事物：新房子、新主人或新成員的心——並將他們納入自己的保護之下。射手貓也可能毫無預警地跑來你家，大搖大擺地進駐下來，建造自己的小窩，然後在美好的某一天，跟來時一樣地消失得無影無蹤。這隻友善的貓，對貓食的品質非常敏感，會突然決定去其他地方尋覓更美味的食物。牠就是這樣：自動自發和具冒險精神。而當射手貓做出決定時，什麼也阻擋不了牠。

優點

友善、隨和、外向。射手貓是一個令人非常愉快的伴侶，能適應一切，甚至是其他物種的新成員，例如狗、鸚鵡，或是浣熊——有何不可呢？

缺點

在負面相位的影響之下，射手貓會時常離家出走、順手牽羊。牠不再聽命於任何人，且也不清楚當下的自己究竟想要和想做什麼。

牠的氣質類型：多血質

多血質的貓——與雙子座和寶瓶座一樣，討喜、友善、熱情好客、自信……而且貪吃。牠生性獨立，像個快樂的單身貴族般生活。多血質需要新鮮空氣：出去透風、移動與改變……牠同樣天生就具有當貓幫老大的潛質。這是個靠本能而衝動行事的傢伙，不願付出長期的努力。

牠的外貌

射手貓的體型略高於平均值，有運動家的體格，口部較長而不圓潤、鼻子長且目光炯炯有神。

牠的社交能力

- **射手座雄貓：**非常戀（當下的）家。牠愛好運動、性格獨立。但很需要出門透氣，當牠感到窒息時，會悄悄地溜走，看看外面的世界是不是比較精彩。不過，由於牠很注重自己的舒適度，所以就算是出去閒晃，也不會離家太久。
- **射手座雌貓：**外表自信驕傲、舉止優雅。牠開朗活潑，但同樣可以對自己的孩子們表現得專制——以正確地教育牠們「基本知識」為榮；不過若是牠認為已經教得差不多的時候，便馬上失去興趣。
- **射手座小貓：**衝動又膽大包天，喜歡比較、親自較勁，最愛的遊戲是打架。沒錯，要是你有一片空間或住在鄉下的話，比較容易養育射手座小貓。這隻外向的小貓很容易與其他動物打交道，或者輕易地接受新朋友的到來。

- **面對訪客：**理論上，如果氣氛讓牠滿意的話，射手貓會努力取悅訪客並參與歡慶的活動；否則的話，牠會逃離吵鬧的環境，沒有什麼改變得了牠的心意。
- **和孩童相處：**開朗的性格使牠非常適應孩子的陪伴。即使意味著牠得變成一隻「保姆貓」——牠喜愛陪伴在他們身邊，勝過一切。

十度區間

- **第一個十度區間（11月22日至12月1日），由水星守護：**具有好奇心與博愛的特質，這類射手貓會給予愛或友誼來安慰他者。
- **第二個十度區間（12月2日至11日），由月亮守護：**牠開朗大方，喜歡探索周圍的世界。不過有可能變得暴飲暴食。
- **第三個十度區間（12月12日至20日），由土星守護：**天性嚴肅、力量受制。第三個十度區間的射手貓喜歡展現自己的才能。

牠的健康

射手座與後腿和肝臟有關。

射手貓通常是一個大胃王，必須從小控制食量，並留意牠的消化系統。不過，由於這隻貓的運動能力佳，規律的運動可以消耗牠攝取過多的熱量和維持體態。

這隻小貓喜歡做出滑稽動作，容易骨折，就像牠的雙子朋友一樣。

牠的遷移性

射手貓喜歡說走就走和長途旅行。之所以能夠跋山涉水，找回自己的主人，那是因為牠主動採取行動並決定好路線；相反地，要被關在籃子裡，乘坐火車或汽車前往一個未知的目的地……這完全不是牠的作風。跟其他同類一樣，些微的鎮靜劑能幫助牠度過這段難關。

牠的友誼、愛情、親密關係和點頭之交

- **誰適合當射手貓的主人？**

一位跟牠同屬火象星座的獅子座或牡羊座主人，會帶給牠滿滿幸福。面對這隻喜愛運動的寵物貓，獅子座主人會尊重牠的獨立性；牡羊座則會為牠安排一個暢通的空間，讓這隻健美運動貓可以盡情奔騰。

和金牛座主人在一起時，他們會一起分享對食物的喜好，但是這位太宅的主人可能會讓牠感到沉悶。

在雙子座主人——牠對宮的星座身邊時，會顯得非常志同道合，例如喜歡戶外活動，以及洋溢著讓他們自在相處的一股輕鬆氛圍。

巨蟹座對牠來說有點太愛家，即使相處的契合度和愉悅心情讓他們走到了一起。與天性焦慮的處女座主人相處時，射手座寵物會感到窒息或想遠走高飛……或是不常回家。

相反地，與天秤座主人的關係情投意合，他們都很自動自發，玩一起非常開心。

儘管射手貓和天蠍座主人之間有某些分歧（一個喜歡白天、一個喜歡夜晚），但可以一起完成冒險。

愛好獨立和不嫉妒的性格，促進了兩個射手座的同居關係。他們相處融洽。

射手貓快樂而陽光般的存在，會照亮摩羯座柔和的小宇宙。與寶瓶座的主人可以一起過著寧靜的生活。其中一方對運動的愛好，吸引另一方探索的興趣。

對於大剌剌的射手座而言，心思過於複雜的雙魚座主人難以接近。

• 愛情歸宿

射手座－牡羊座：充滿愛與機遇的一場遊戲。勝負未定。

射手座－金牛座：令人喜悅和平靜的一段愛情。

射手座－雙子座：有電光石火般的吸引力，但是愛情急速退溫。

射手座－巨蟹座：玩樂的伴侶，不太來電。

射手座－獅子座：走名流路線的恩愛互動，孕育優良血統的小貓。

射手座－處女座：帶有禪意的愛情，牠們經常共枕眠。

射手座－天秤座：性感和美麗的一對，可以期待生下迷人的小貓。

射手座－天蠍座：天蠍座的威嚇性，讓惶恐不安的射手座夾著尾巴逃難……

射手座－射手座：擁抱大自然和酷愛運動的一組戀人。子女完全是父母的翻版。
射手座－摩羯座：他們彼此相愛，白頭偕老。
射手座－寶瓶座：前景看好，但不見得開花結果。
射手座－雙魚座：彼此許下天花亂墜的承諾。

星座貓的雲上狂想

一個嶄新的機會、一場全新的冒險來了！是誰在噴射貓乾糧？一枚雙排的火箭靜待射手貓，準備以光速穿越霧幕，降落在雲端上的幻想國度。

- **牠的綿軟王座：**一把肩背的吉他，放在牠黃色的軟墊上——這個顏色代表花心、嫉妒和出軌，射手貓在隨風吹拂的雲朵上，表演著競技牛仔。最後，牠挑了一根像牛仔夾克上的流蘇般延伸的細索，安頓下來。然後牠取出肯尼·羅傑斯（Kenny Rogers）的《最佳精選》（*Greatest hits*）專輯——道地的鄉村音樂。牠將斯泰森（Stetson）牛仔帽微微向後戴，脖子上圍著印花方巾（bandana），等待牠的客人——「小不點[26]」（Chibi），這隻「漂亮的小貓」（牠的確有點大男人主義）。然後點播牠偶像的一首流行歌曲給小不點聽：〈賭徒〉（The Gambler）。

相關品種：挪威森林貓

這是一隻體型龐大的貓，牠中等長度的皮毛像地毯一樣濃密，就像圍著亨利四世典型的拉夫領[27]一樣。我們的美麗挪威森林貓源自於挪威，看起來充滿野性而真實，牠的繁衍沒有受到人為介入，這很不簡單！牠在冬天能忍受的最低溫是攝氏零下三十度；而在夏天的時候，牠會為了呼吸而脫下一層皮裘，只保留尾巴上華麗的羽毛和貓爪的一簇毛。多迷人啊……

---

26 《從天而降的貓》（*Le Chat vient du ciel*），平出隆（Takashi Hiraide），2001年。

27 拉夫領（collerette style fraise）：一種用於裝飾衣領的絲織品，在十六世紀中期至十七世紀中期流行於西歐地區的上流社會之間。英文為ruff。

貝波——前往木星路途上的旅者

無庸置疑，總是穿著一身條紋的雨溝貓——路易－斐迪南・賽林[28]（Louis-Ferdinand Céline）的貝波（Bébert），既是文學角色，又很罕見地真實存在著，牠是一隻獨一無二的貓。

首先，貝波的體型龐大、胃口也很大。至於牠的智商，明顯地高人一等。愛發牢騷，但也忠心耿耿。因為貝波很有個性，這隻「蠱惑人心、靠電波傳情」的貓，成為賽林的續任伴侶，後者現身在他的戰後小說中。換句話說，貝波既是賽林作品裡的角色、也是他生命裡的真實存在，是文壇中名氣最響亮的貓之一。

電影演員侯伯・勒・維崗（Robert Le Vigan）從莎瑪麗丹百貨（La Samaritaine）寵物部為他的愛人緹奴（Tinou）買了這隻小貓，緹奴為牠取名奇巴羅伊（Chibaroui）。兩個戀人的關係時好時壞，奇巴羅伊或多或少適應了……牠自食其力、來回穿梭在鄰近蒙馬特的吉哈東街（rue Giradon），賽林也住這條街上。維根和緹奴離異後，奇巴羅伊被拋下。賽林和他的妻子露賽特（Lucette Destouches）已經在這段艱難的日子裡餵養牠——收留這隻雄貓，並為牠取名為貝波，與小說《茫茫黑夜漫遊》（*Voyage au bout de la nuit*）的巴黎病童角色同名。牠的另一段旅程於焉展開。

一九四四年六月，德軍戰敗。賽林收到了死亡恐嚇信和小棺材。他和妻子、勒・維崗以及貝波一起逃離了首都，帶著一些原始手稿離開吉哈東街的公寓，深信這將是場短暫的逃亡。但它持續了七年。這組人馬首先前往巴登－巴登（Baden-Baden），接著是西格馬林根（Sigmaringen），加入貝當（Pétain）與兩千名維琪政府擁護者、民兵同行，他們在維琪法國（Régime de Vichy）垮台的瘋狂中企圖自保。賽林原本想去瑞士，後來在丹麥找到避難處。由於他不打算帶上貝波，於是在出發的前一天，將牠託付給了當地的雜貨店老闆。夜裡，貝波撞破了一塊窗戶玻璃，重新加入牠的主人們。問題解決，貝波被「裝在一個打了洞的背包裡」，和他們一同上路。在歷經流放，回到法國默東（Meudon）後，牠在年屆十七歲時，安詳地離世，赴往浩瀚無垠的世界。

這隻身形高於平均、機靈、獨立和具有好奇心的貓，是名副其實的木星型貓，鮮活地演繹出射手座的形象。貝波總是能自行找尋出路。例如，當勒・維崗和緹奴在家

29 譯註：法國著名小說家，代表作有《茫茫黑夜漫遊》等，被認為是二十世紀最有影響的作家之一。

激烈爭吵、沒人想到要餵食飼料的時候，牠還有同街區的蹭食口袋名單，像是善良的仙女露賽特。貝波是個「漫遊者」。賽林如此介紹牠：「貝波與眾不同之處，在於喜愛閒逛、漫步。只要在晚上，當我們要跟牠閒聊的時候，牠就會跑去溜達。牠是個夜遊者。」對於賽林來說，在戰爭期間、這個四處面臨死亡威脅的世界裡，這隻「遊走城市的小貓」既代表孩童，也代表了純真。

在賽林的作品中，貝波是他的揭示者，成為了他的替身，而且敘述者的想法總是跟他的貓很相近。懂得與動物建立溝通的賽林寫下這句話：「動物是通往無垠世界的擺渡者……」

♑ 摩羯貓

從12月21日到1月19日
元素：土象（創始型）
主宰行星：土星
掌管的身體部位：膝蓋、關節、毛髮、皮膚

顏色：棕色

堅忍不拔、謹慎、忠誠、勇敢

牠的主宰行星：土星

土星象徵守恆的定律。這顆主宰摩羯座的行星，使此星座的貓十分頑強，能抵抗疼痛和疲勞。

土星的特點顯現為兩個相反的類型：一種是佔有慾強到甚至會「排外」，極度敏感和喜好沉思；另一種則是超然度外、冷漠和行事低調。

土星型的小貓可能極度敏感、過度緊張和害怕。牠是個跟屁蟲，必須經過訓練才會全力以赴。此外，如果付諸行動了，要慶賀與鼓勵牠的參與，好讓土星小貓克服自己的優柔寡斷和缺乏信心，這種與生俱來的不信任感可能會持續很久。

雌貓全心奉獻於家庭和孩子。牠會在路途中為了執行任務而磨損自己的利爪：拯救小孩，抑或收養遭遺棄的貓孩。真是女中豪傑！

牠的性格

摩羯座象徵著一位老人：這星座的貓咪依戀牠的家，就如一棵橡樹依附大地。特點是堅定不移的忠誠，對牠來說，只有中意之人才重要。在陌生人眼裡，這種情感上的排他性顯得冷漠和疏遠，這也是為什麼摩羯座不信任初次見面的來者。但一旦感到安定，牠便全然地卸下心防，把藏在這個距離感背後的熱情動物樣貌展現出來。

摩羯貓熱愛大自然。理論上，鄉村生活比城市更適合牠，因為這隻獨立的動物需要離家幾小時或幾天，這是牠靜心沉思的時間；在城市裡，牠會很親近你的植物。為了避免一再重演「植物屠殺」的戲碼，請為牠準備一塊遊戲用的「綠地」。

優點

執著與忠貞。摩羯貓的特色，在於經得起考驗的愛，以及奉獻精神和堅韌。就跟牠良好的身體抵抗力一樣，讓摩羯貓最有可能成為「百歲貓瑞」之一。

缺點

無論是主人還是餐碗，摩羯貓都不愛分享。即使牠的行事作風非常獨立，仍會因為突然缺少情感上的專屬權，或必須與同類共享生活空間而感到痛苦。

牠的氣質類型：神經質

摩羯貓和牠的處女座朋友一樣是神經質型。神經質型主要受到骨骼系統和聽覺的影響。

儘管表面上偶爾體弱多病，但這隻貓其實很強壯。摩羯貓的特點是擁有龐大的頭骨、突出的鼻子以及特別長的脖子。這是個好奇寶寶，偶爾也會杞人憂天。牠邁著緊湊而細小的步伐移動。

牠的外貌

摩羯貓的體型呈現兩極化：比平均身高或是同一品種的貓更高大或矮小。牠的毛髮通常很濃密。

牠的社交能力

- **摩羯座雄貓：**結實的冷硬漢子。牠具有抵抗力、毫不倦怠，擁有健康的體魄。從本質上來說，很有可能活得長壽。牠不擅交際，更喜歡觀察和沉默寡言，有時候也會冥想。
- **摩羯座雌貓：**當牠感到安定和自信時，能在溫暖人群的包圍下茁壯成長。比起異性同類，牠的性格更有親和力。擁有強烈的母性特質。
- **摩羯座小貓：**敏感且反應靈敏的小傢伙。儘管牠放任自己喧嘩吵鬧，卻仍相當膽小。不擅長炒熱氣氛，人們對牠展現的情感令摩羯座小貓安心，好讓牠充滿自信地邁進。是隻可愛迷人的小貓。
- **面對訪客：**拘謹有禮，但表現得非常疏離。摩羯貓會觀察與評估，如果在牠看來，得失利弊是在自己的承受範圍內，牠便會放膽地靠近，靜觀其變。
- **和孩童相處：**他們對牠來說太過好動，也引不起自己的興趣。摩羯貓寧願避開他們。不要強行對抗牠的本能。

十度區間

- **第一個十度區間（12月21日至31日），由木星守護：**第一個十度區間的貓是個領導者。但對待感情顯得小心翼翼，不喜形於色。
- **第二個十度區間（1月2日至11日），由火星守護：**頑強好鬥，這隻摩羯貓抵抗力十足，有時顯得輕率。
- **第三個十度區間（1月12日至19日），由太陽守護：**本命在第三個十度區間的貓獨立自主，奉行個人主義，總是單刀直入。牠可能表現得很記仇。

牠的健康

摩羯座掌管著膝蓋、關節、毛髮，尤其是皮膚部位。牠比其他的星座更容易得到各種濕疹，特別是純種貓，尤其常見於長毛貓。敏感的關節和骨骼使牠容易扭傷和骨折。等到年紀漸長時，需留意牠的牙齒狀況。

牠的遷移性

摩羯貓討厭移動和旅行。乘坐交通工具時，牠可能喵喵叫個不停、偷溜出去或是生病。總之，很難開導牠。雖然對田野風光情有獨鍾，但牠更愛的是回家以及找回自己的蹤跡。因此，牠會用責備的語氣對你喵喵叫：為什麼要離開家，那就是我們最舒適的地方啊！

牠的友誼、愛情、親密關係和點頭之交

• 誰適合當摩羯貓的主人？

摩羯貓跟一位單身的主人在相處上更為融洽，而不是一整個大家族。（除非家裡有一些空間，或是一座花園）。

天蠍座主人很適合摩羯貓，彼此都尊重對方的獨立性和隱居的需要；金牛座主人會為這隻循規蹈矩的貓咪注入一絲狂想。

和牡羊座主人的相處平靜無波，但缺乏真正的默契。摩羯貓會望著牠躁動不安的主人，但自己的冥想絲毫不會受到影響。雙方的世界以不同的速度運轉。

雙子座主人和牠話不投機半句多。他們的頻率截然不同：一個腳踏實地，一個異想天開。

跟互補的對向星座巨蟹座組合，假如雙方一見鐘情的話，一切皆有可能。

獅子座主人在這個潑他冷水的動物身邊，內心的熱情會一點一滴地熄滅。

相反地，一種深沉而隱密的默契，讓牠與處女座主人連結在一起，後者跟牠一樣是土象和陰性星座，他們都很愛宅在家。

天秤座懂得運用自己的魅力和手腕，融化摩羯貓冷硬的心，為同居生活注入光亮和突發奇想的點子。是十分吸引人的伴侶。

跟射手座在一起，沒有妥協的空間。要是一拍即合，他們就會緊緊相依到永遠。

在摩羯座主人身邊的生活可能一成不變，但對同星座的動物來說很適合。

寶瓶座主人無法跟這隻毫無奇想的動物產生太多的共鳴。

在艱難的前幾次相處之後，雙魚座主人能和摩羯貓和睦共處，時間會促進他們同居時的和諧。

・**愛情歸宿**

摩羯座－牡羊座：牠們湊不成一對，太多不合的因素了……

摩羯座－金牛座：性感的金牛座懂得魅惑害羞的摩羯座。

摩羯座－雙子座：增加見面的次數，並抱持希望。一切都有可能發生。

摩羯座－巨蟹座：如果周遭無旁人並躲在幽暗處，牠們會懂得如何表露愛意。

摩羯座－獅子座：黑暗與光明的相逢，轉瞬即逝的幸福。

摩羯座－處女座：雙方都具有責任感，能開花結果的組合。

摩羯座－天秤座：共同的興趣，出於本能的愛。

摩羯座－天蠍座：缺乏耐心和吸引力，令人緊張不安的愛情關係。

摩羯座－射手座：一見鐘情或是老死不相往來。

摩羯座－摩羯座：一開始迸發出愛的激情，但接下來可能變成一灘死水。

摩羯座－寶瓶座：毫無好感，互相的嫌惡油然而生。

摩羯座－雙魚座：假如彼此有時間學著如何相愛的話。

星座貓的雲上狂想

惡劣的天氣延誤了起飛。幸運的是，聖誕老人在附近——現在不是節慶旺季，他無聊到了極點，大方出借雪橇和馴鹿給摩羯貓，帶著牠遨遊到雲端之上。

• **牠的綿軟王座：**屬於土象星座的摩羯貓，如一架「少了羽翼的飛機[29]」飄浮在空中，頭暈目眩。牠小心翼翼地坐在雲朵上掠過鄉間，安全帶繫好、把臀部緊靠在舒適安全的棕色坐墊上。牠馬上就要停靠了，因為今晚有個訪客——來自日本的招財貓。才剛降落，招財貓的手掌一直高舉空中，摩羯貓希望這會為牠帶來好運。因為在聽完藍調音樂，特別是艾瑞克・克萊普頓（Eric Clapton）的〈萊拉〉（Leila）之後，牠必須再跟查理耶・居禮（Charlélie Couture）與他「少了羽翼的飛機」碰個面——假使成功著陸的話。真是行程滿檔……

29 譯註：引自法國歌手查理耶・居禮（Charlélie Couture）的同名歌曲 Comme un avion sans ailes。

相關品種：哈瓦那棕貓

上帝是抽著哈瓦那（Havana）雪茄的癮居子……富有光澤的棕色皮毛，如杏仁般的美麗綠眼瞳，哈瓦那棕貓最先是在暹羅（Siam，約為現今泰國的中部地區）廣泛分布，在當時被視為招財貓，二十世紀初到達歐洲。哈瓦那棕貓很害羞，除非在牠主人身邊，才會表現得像個軟綿綿的玩偶。這是一隻喜歡身體接觸的貓咪，但只在當牠想要的時候。比起其他品種較為寡言，當牠出聲時，聲音通常很奇特。

彌索夫一世和彌索夫二世[30]——源自土星的一對絕世美貓

大仲馬年輕時曾養過一隻猶如忠犬的貓，十五年後又養了一隻猴模猴樣的貓……

他的母親還在世時，大仲馬和她一起住在巴黎西街（rue de l'Ouest）。每早，他的貓——彌索夫一世（Mysouff I），一隻美麗的虎斑貓，都會護送他到沃吉哈街（rue de Vaugirard）。每晚，當他從聖奧諾雷街（rue Saint-Honoré）或杜馬街（rue Dumas）上的奧爾良公爵（duc d'Orléans）府邸，結束一天的工作從崗位上返家時，牠都在同一處等著他。「每當我一腳踏上西街時，牠都像狗一樣地跳到我的膝蓋上。」

彌索夫的一舉一動真的跟小狗如出一轍，甚至可以說牠的鼻子跟狗一樣靈敏。對一隻貓來說，這不太尋常了。

某幾日，大仲馬由於突發要事而沒回家吃晚餐時，彌索夫失去平日的活力，一動也不動、拒絕外出；相反地，在他要回來的日子裡，彌索夫會以爪子抓門讓人為牠開門。大仲馬的母親很喜愛牠，稱彌索夫為晴雨表。她寫給她的兒子：「彌索夫標記了我美好和糟糕的日子。（中略）當你來訪的時候，就是我的大晴天；但你不來的日子，就是我的下雨天。」

時光飛逝，大仲馬成了一位富有而聲名遠播的作家。他在馬爾利港（Port-Marly）建造了他的天堂：基督山城堡（château de Monte-Cristo）。圍繞在他身邊的是一座真正的動物園：狗、禿鷲〔朱古達（Jugurtha），住在一個桶子裡〕、三隻猴子、幾隻孔雀、各種異國鳥類、家禽飼養場……還有彌索夫二世（Mysouff II）。有一天，彌索夫

30《我的動物紀事》（*Histoire de mes bêtes*），大仲馬，1867年。

二世把華麗鳥籠裡的鳥兒咬死。主人身邊的僕從，有的判他死刑，有的投票贊成發起一場審判。在《我的動物紀事》中，我們發現彌索夫二世辯護律師信手拈來的一篇辯護報告，他控訴真正的始作俑者——猴群，牠們為貓設下了陷阱。律師把彌索夫二世放在他懷裡，證明牠的大爪無法打開上鎖的鳥籠門；然後他指責廚師「是她在地窖裡發現了這隻黑白紋相間的公貓」，因餵養牠吃各種家禽，以致於吃肉的胃口大開；最後，他引用布豐[31]（Buffon）的一個參考文獻——他把貓看作是個「不忠誠的僕人」。因此，貓的自然本能支配牠攻擊鳥類，而彌索夫二世無法與之抗爭。基於這些論點，律師要求減輕刑罰。大家同意了：彌索夫二世被判關押在猴籠中五年。故事並未交代牠是否從監獄中重獲救贖。

彌索夫一世、彌索夫二世的故事……所述說的就是土星的貫徹始終，而摩羯座表現了這種跟時間賽跑的延續性和毅力。故事同樣反映這位作家在人間天堂裡「不甘獨自寂寞」的孤寂。我喜歡在人間天堂裡的孤寂，也就是「被動物簇擁」的孤寂，多熱鬧啊！

♒ 寶瓶貓

從1月20日到2月18日
元素：風（固定型）
主宰行星：天王星、土星
掌管的身體部位：對應人類的小腿和腳踝
顏色：黑色
有創造力、理想主義、不可預測、寬容、多愁善感

牠的主宰行星：天王星、土星

天王星是代表探險家、冒險家的行星。在此影響之下的貓咪讓人捉摸不定，有時候稀奇古怪，但牠的性格總是非常鮮明。從年幼的時候，這隻貓就顯得很自主、相當獨立。對天王星的貓來說，要像隻普通的家貓是難以想像的。終其一生都在創造「獨

31 譯註：布豐（Buffon），即布豐伯爵喬治－路易·勒克萊爾（Georges-Louis Leclerc, Comte de Buffon），法國數學家、生物學家、啟蒙時代著名作家，被譽為「十八世紀後半葉的博物學之父」。

特的事蹟」，因為牠不甘平凡，也拒絕停滯不前。

天王星型的貓對於生活和居住的變化適應良好，搬家不會讓牠感到手足無措，反而提供一個新的探索題材。

雌貓會對自己的貓孩感到驚奇讚嘆，但很快地轉為忽視牠們，把全部心思放在嶄新的個人興趣上；而雄貓如果發現了一個美麗新世界，便會蹺家出走。

假如相位不良，天王星的貓會變得極端又具有攻擊性。

牠的性格

寶瓶座小貓散發出某種智慧。牠似乎放下了對物質世界的關注，天使般的神情使牠看似翱翔在自己的天地、在夢幻仙境裡。

對討厭單調的這隻狂熱探險貓來說，生命中的每一刻都是充滿驚奇的體驗：有如生命中的鹽。寶瓶貓非常獨立，重視日常生活裡的輕快感和怡然自得。

寶瓶貓友好且隨和。但在相位受到干擾的情況之下，牠可能更加地反覆無常、古怪的行徑更加失控，從容易滿足的貓變得神經兮兮。

優點

牠擁有聰明才智。例如，打開一扇門或冰箱門，對寶瓶貓來說不費吹灰之力。喜歡接受挑戰、刷新體驗，即使在最不尋常、最離奇或最危險的情況下，牠通常也能達成自己的目標。

缺點

寶瓶貓討厭被拘囿、束縛與阻止，就像牠討厭權威和紀律一樣，寶瓶貓是最獨立的貓科動物。此外，在條件許可的情況下，牠還能頻繁拜訪好幾個主人，去品嚐居所附近的貓乾糧。牠也很固執。

牠的氣質類型：多血質

多血質的貓機靈、精力充沛、適應力強。牠可能像雙子朋友一樣是個話匣子。在某些情況下，牠的聲音可能很奇特，特別引人注目。牠合群、衝動、親和力也高，重視自主性。

牠的外貌

寶瓶貓通常身材嬌小但比例勻稱。牠藉由敏銳的才智和強大的創造力來彌補這種劣勢。牠有一張大嘴和一個非常突出的下巴。

牠的社交能力

- **寶瓶座雄貓：**平易近人、很獨立自主，也很深情，但不能給予過多的愛撫，否則會讓牠感到窒息，而溜之大吉。此外，牠不擅長守著同一位伴侶……牠很可能在其他地方另結新歡。
- **寶瓶座雌貓：**牠溫柔可人，可能帶點喜感。在母性天職和信任的環境之中，會把自己發揮得淋漓盡致（但時間很短），不過牠依舊不忠貞且善變。是心思複雜的貓咪，但十分迷人。
- **寶瓶座小貓：**這是一個正在萌芽的探險家，綽號是「蠢蛋之王[32]」（Le roi des bêtises）。牠也懂得裝作孤芳自賞，特別是因為畏懼那些接近牠的人，太多繁文縟節了。待在雌貓身邊和獨自玩遊戲，讓牠較為自在，寶瓶座小貓在這些遊戲裡打敗了小羽毛、軟木塞或枯葉等對手。

- **面對訪客：**新的到訪者總是引起寶瓶貓的興趣，牠對一切都感到好奇。比起待在自己的小世界裡遠遠觀察、迂迴地接近，牠會撲到他們身上，躺臥在陌生人的膝蓋上。
- **和孩童相處：**寶瓶貓喜歡和他們一同遊戲、耍雜技和分享新的體驗。他們來自同一個充滿幻想且團結一致的世界。

十度區間

- **第一個十度區間（1月20日至30日），由金星守護：**第一個十度區間的貓與落在其他區間的貓不同，牠是一個溫柔、好奇心強烈、特立獨行的貓。
- **第二個十度區間（2月1日至8日），由水星守護：**勇於接受新事物和敏捷的智力。第二個十度區間的人適應能力強，並且喜歡不可預期的事情。

32 譯註：引自童書《蠢蛋之王小鬍子》（*Moustache le roi des bêtises*），雅梅勒・何努特（Armelle Renoult）著，梅蘭妮・葛杭吉哈（Mélanie Grandgirard）繪。

• **第三個十度區間（2月9日至18日），由月亮和海王星守護：**這個夢想家似乎屬於另一個世界。總是心不在焉或離家出走，只做牠想做的事。

牠的健康

寶瓶座對應人類的小腿和腳踝。這不是一個抵抗力特別強的星座，但假如牠跨越成年的門檻，就可以長壽一點了。對於體驗、偶爾犯險的喜好很明顯，牠的腿部容易受傷。另一方面，雖然牠並不是一個大胃王，但一旦結紮後，這位曾經的運動員和冒險家傾向以食物來彌補自己。

牠的遷移性

由於寶瓶貓有逃家的傾向，因此最好將牠繫好皮帶或放在一個關緊的外出籠中旅行。有必要的話，可以給牠溫和的鎮靜劑。由於這隻貓討厭束縛，可能會大吼大叫地表達反對意見。因為只有牠自己能決定路線時，才會喜歡旅行。在好奇心的助長下，牠也可能一有機會就嘗試落跑。

牠的友誼、愛情、親密關係和點頭之交

• 誰適合當寶瓶貓的主人？

跟寶瓶貓同為風象星座的雙子座和天秤座主人，懂得討牠開心。他們之間少有束縛，並擁有良好的交流互動。天秤座會尊重牠的個性；而像牠一樣難以捉摸的雙子座也會同性相吸。

假如火爆的牡羊座主人沒讓脆弱的寶瓶貓感到座窒息的話，他們可以相安無事。不建議搭配金牛座的主人。對這隻飄忽不定的貓來說，他的頭腦太遲鈍了。對於喜愛肉體觸碰的巨蟹座主人來說，這隻貓在短時間內可能很適合他。與獅子座主人之間存在一股互補的吸引力，他們互相喜愛、彼此著迷。跟處女座主人雖然可以和諧相處，但對一隻熱愛挑戰的貓而言，有點平淡。跟天蠍座主人，假如併發出的超自然感應力令他們深陷到不可自拔，是有可能和睦相處的。

與開朗的射手座關係非常良好，尊重對方的空間。以及牠對新鮮空氣的需求。

在摩羯座主人的身邊則恰恰相反，牠會無聊地打起哈欠。

跟同是寶瓶座的主人在一起時，兩人都活在自己虛無飄渺的世界裡，很難降落人間，但這種超脫凡塵的生活也其優點。

與雙魚座主人的關係有點糟，他們不住在同一個星球上。但經過時間的催化和一些磨合，就能夠促成這段關係。

• **愛情歸宿**

寶瓶座－牡羊座：能有進展的一段關係，但未必開花結果。

寶瓶座－金牛座：不太可能相遇的組合，是喵星球版本的「鯉魚和兔子[33]」。

寶瓶座－雙子座：自然的吸引力，相處輕鬆自在。

寶瓶座－巨蟹座：如友情般的戀愛關係，後續的發展有譜。

寶瓶座－獅子座：互補的吸引力，一切再完美不過。

寶瓶座－處女座：看不見終點的愛情，但友誼關係真誠。

寶瓶座－天秤座：愛情相守到永遠。

寶瓶座－天蠍座：不穩定的感情關係，但擁有一些共同點。

寶瓶座－射手座：純然的吸引力，一窩小貓孩準備到來。
寶瓶座－摩羯座：等著他們輪流打起哈欠吧，馬上就能印證了。
寶瓶座－寶瓶座：有趣和具創造力的愛情。
寶瓶座－雙魚座：需要時間的催化，發展可期。

星座貓的雲上狂想

牠一直著夢想這一刻，而蒂蒂（Titine）實現了！牠的雁子朋友背上寶瓶貓，載牠起飛遨遊。一隻飛行的貓！飛吧，飛吧！騎著大雁飛到雲之國度裡。

- **牠的綿軟王座**：對這隻特立獨行的貓來說，牠適合攀至雲深不知處，棲息在一片奇形怪狀的雲層上。為了激發創造力，在抵達牠黑色坐墊（牠的專屬色）的沿途上，我們可以加入幾個障礙物。牠戴著無線耳機，聽著自己最喜歡的電子流行樂。在這個時刻，四下杳無人煙。當然，除了牠的客人——傻大貓（Sylvester），又

33 譯註：原句出自法文的俗諺「鯉魚和兔子的婚禮」（Mariage de la carpe et du lapin），指家世背景差異甚大的一對伴侶，意同中文「門不當戶不對」。

叫葛里莫（Grosminet），牠欣賞後者在誘捕崔弟鳥（oiseau Titi）時源源不絕的想像力。再說回來，崔弟鳥也破天荒地被「友善地」邀請了。在等崔弟鳥的時候，傻大貓的東道主放了流行尖端[34]（Depeche）的〈享受孤寂〉（Enjoy The Silence）給牠聽。看到封套上戴夫・加漢[35]（Dave Gahan）的紋身，傻大貓決定在自己耳朵紋上一隻崔弟鳥。紋身前，傻大貓著迷於這首節奏飽滿的歌曲中，低垂著眼皮在心裡嘀咕：「崔弟鳥也懂欣賞它嗎？」

相關品種：孟加拉豹貓

這個品種是由一位美國育種學家，在一九六〇年代從一隻亞洲野貓開始培育出來的。孟加拉豹貓的與眾不同之處，在於高大的身形及超柔軟的金色斑紋，還以喜歡玩水而著稱。牠是游泳好手和漁夫。嘩拉一聲，衝進浴缸或蓮蓬頭下！長袖善舞，不喜歡孤獨。孟加拉豹貓同樣愛爬上爬下和蹦蹦跳跳……這隻貓需要空間。

柴郡貓——夢遊仙境中的蒙娜麗莎

帶著神祕的笑容，柴郡貓（Le Chat du Chester）就好比《愛麗絲夢遊仙境》[36]中的蒙娜麗莎。

這隻狡猾的貓[37]（chat-fouin）擁有刻畫寶瓶座的所有天王星特質：難以捉摸、具創造力、飄忽不定（這也是作者本人的星座）。

愛麗絲坐在她家附近公園的草坪上，心不在焉地聽她姐姐說話，一邊逗著她的貓黛娜（Dinah）。突然間，愛麗絲做起白日夢……並啟程前往仙境。一個超出尺度、荒誕的世界，一個理智不再當道的非理性世界，裡面住著一群如幻似夢的人物，每個人都陷入自身的偏執之中。

當愛麗絲碰見柴郡貓的時候，她對牠的態度和超現實的言論，感到又好笑又心煩

---

34 譯註：1980年成立於英國艾賽克斯（Essex）巴西爾登（Basildon）的電子音樂樂團。
35 譯註：流行尖端的主唱。
36 《愛麗絲夢遊仙境》（*Les Aventures d'Alice au pays des merveilles*），路易斯・卡羅（Lewis Carroll），1865年。
37 譯註：此字由chat（貓）和fouine（石貂）所組成，意指狡詐之人，作者在此採雙關用法。

意亂——她的貓黛娜，看起來正常多了！柴郡貓露出一抹新月般的微笑，用牠反覆同一套的怪異言談逗樂和迷惑愛麗絲。因為她「常常看到不微笑的貓，卻從未見過沒有貓的微笑！」

這個角色代表瘋狂。「我們內心的瘋狂嗎？」牠透過謎團、反覆述說、遺忘、矛盾或難以理解的話語來表達自己，還加上瘋癲的手勢和無止盡的捉迷藏遊戲。這隻貓臉上掛著蒙娜麗莎的神祕微笑，猶如一個心理醫生，鼓勵我們自省。在這個表面的遊戲中，牠激勵我們跳脫現實，進入一個想像的、與現實脫節、時空錯亂的世界。牠還向我們傳遞了一個訊息：寧願做真實的自己，也不要佯裝給別人看。

儘管柴郡貓很瘋狂，牠還是能給予愛麗絲「實質上」的幫忙。牠為愛麗絲指引方向，找到瘋帽先生（Chapelier Fou）和三月兔（Lievre de mars），而後建議她去見紅心皇后（Reine de coeur），並經由一棵樹打開捷徑之門。然而，牠後來又讓她置身於面對皇后的危險之中。

這個故事誕生於一個美麗的夏日，當時路易斯．卡羅和牛津大學的一位同事及三位女孩遊船，其中一位叫作愛麗絲．李道爾（Alice Liddell），時年十歲。作家很喜愛這個機靈的孩子，於是開始講述許多荒誕不經的故事。遊船結束時，愛麗絲請求為她寫下所有的故事。兩年後，她的願望實現了。路易斯．卡羅送給她《愛麗絲地下歷險記》（*Les Aventures d'Alice sous terre*）作為聖誕節禮物，附上親手題字和繪畫的插圖。

出於作品激起的熱情，他把此書推薦給一位編輯，並以《愛麗絲夢遊仙境》的標題出版，這部傑作馬上大獲成功。

♓ 雙魚貓

從2月19日到3月20日
元素：水（變動型）
主宰行星：海王星、木星
掌管的身體部位：後腿、手指、血液循環
顏色：紫色
冷靜、討人喜愛、幸運、敏感、多愁善感

牠的主宰行星：海王星、木星

幸運之星——木星庇佑你的朋友，海王星帶給牠幻想和直覺力。這種雙重影響的結果是：牠處之泰然且胸懷自信——有時候為了考驗自己，甚至甘冒巨大風險。

這隻貓更像一個喜劇演員而不是吵架王，即使當牠發怒而高高弓起背，發出驚天地泣鬼神的喵嗚聲時，也只是虛張聲勢。因為儘管表面如此，牠知道自己的極限。幼貓尤其膽小。牠喜歡表現得大膽魯莽，但即使如此，這不過就是自我感覺良好而已。

這樣挑釁的一面在成年後持續存在，但在幸運之星——木星的保護下，牠多半能擺脫困境，優雅地死裡逃生。雄貓往往比雌貓冷靜，也更多愁善感；前者是宅男，後者是冒險家。

受這兩顆行星影響，這隻貓興致一來便異想天開、不可預測，像個哲學家，有時還很滑稽。

假如受到負面的影響，牠會極度焦慮不安，其消化系統可能出現問題。

牠的性格

受到愛、奉獻和犧牲的星座影響，雙魚貓對於主人比自己的家人更為依戀，牠對前者的忠誠經得起考驗。假如牠看起來哀傷或疲倦的話，那是因為牠正在冥想，以便達到貓的涅槃世界。

牠對自己的舒適和安寧很執著，會為了保有它們而高拱起背，但這些只是試圖恐嚇入侵者，不是要投入戰鬥。

和牠的朋友巨蟹座一樣，對音樂的愛好也刻在牠的基因裡。

從本質上來說，牠更像個觀眾而不是表演者，喜歡聽音樂、在螢幕上看芭蕾舞或演奏會。但有時候如果雙魚貓忘情於音樂的話，會難以自抑地獻聲一曲。

優點

纖細敏感而忠誠，雙魚貓天生便有奉獻精神，甚至犧牲精神。牠全然地依戀自己的主人或家人。

缺點

雙魚貓有平和的天性，人們會認為牠是隻哀傷的小貓。有憂鬱的傾向，但牠還喜歡悲秋傷春，甚至加油添醋。另外，想要引起牠的注意，可以不惜一切手段。

牠的類型：多血－淋巴質

同時對應呼吸系統和消化系統（跟牠的金牛座和天秤座朋友一樣），這隻多血－淋巴質型的貓在過動和長期性的懶惰狀態來回切換。呼吸系統的影響使牠多情與誠摯，而消化系統的影響則緩和了牠的自發性。綜合以上牠會是一隻充滿活力、情感質樸，謹守尊卑之分的貓咪。喜歡廣闊的空間，即使牠並非熱愛運動。通常有一身漂亮的厚厚皮毛。

牠的外貌

雖然體型矮於平均身高，但雙魚貓結實有力。牠的臉呈圓形或是菱形，大鼻、短脖，步伐緩慢。

牠的社交能力

- **雙魚座雄貓：**這是隻性格溫和、平靜而深情的貓。跟主人的友好關係，也讓牠愛屋及烏，非常依戀自己的小窩。牠不愛翹家，不會離自己的地盤太遠。短暫的外出溜達足以讓牠吸滿天地精華、滿足冒險的癮。但牠需要花上幾週的時間才能恢復元氣。
- **雙魚座雌貓：**體質虛弱，但本性堅強。天地萬物的週期交替，比方說滿月，將賦予牠滿滿的能量。對於舒適度很敏感，並在這樣的環境中和諧地成長。
- **雙魚座小貓：**當牠專注地欣賞這個世界時，會很容易受到影響，突然捨身犯險——有時候是出自想像，好展現出牠的喜劇天賦。這隻小貓對周圍世界的感受十分強烈，基於這個理由，牠年幼的創傷可能會留下不可磨滅的印記。
- **面對訪客：**雙魚貓熱情好客，儘管牠會稍微節制。假如牠最後主動磨蹭剛認識的訪客，那是因為這隻貓咪喜歡肢體接觸，愛極了被撫摸。
- **和孩童相處：**雙魚貓很容易接納他們，與自己的家人保持緊密的關係。甚至可以教他們有趣的遊戲。

十度區間

- **第一個十度區間（2月19日至28日），由土星守護：**好奇心強，雙魚貓總是試圖弄懂一切。牠的態度可能讓人覺得牠對一切都認真以待。
- **第二個十度區間（3月1日至9日），由木星守護：**本命在第二個十度區間裡的雙魚貓，是隻專心致志、冷靜，有時慢條斯理的貓咪。牠堅定而有自信。
- **第三個十度區間（3月10日至20日），由火星守護：**勇敢而爭強好鬥，由於對愛情的獨佔慾，牠可能會和新到來的貓爭風吃醋。

牠的健康

海王星代表的是身體的消融與膨脹。雙魚貓容易超重，甚至有肥胖、罕見或是未知的病狀。

雙魚座掌管後腿、手指、貓爪、肝臟與血液循環。因此，牠容易患有小腿下部和可能相關的疾病（脫鈣、骨折或癱瘓）；其肝臟的脆弱性使雙魚貓易患黃疸。

牠對氣溫變化很敏感，容易感冒。

牠的遷移性

雖然牠欣賞藝術的生動、舞蹈的優雅，但雙魚貓討厭居住環境的改變：只能更換地盤的傢俱……所以，旅行、冒險都不是牠的菜！

牠的友誼、愛情、親密關係和點頭之交

• 誰適合當雙魚貓的主人？

一個愛家或居家工作的主人對牠再完美不過。在巨蟹座或處女座主人身邊，相處十分融洽。

巨蟹座主人緩解了雙魚貓的憂鬱；而處女座主人平息牠的焦慮及平衡牠所需的安全感。

與牡羊座在一起，情感將大大受到考驗：一個總是坐不住的主人，和一個只渴望安寧的寵物。

金牛座懂得安撫這隻膽小的動物，為牠安排一個舒適和諧的生活。

對於喜歡固定習慣和單調生活節奏的動物來說，雙子座的主人太捉摸不透了。

一種純然的好感將獅子座主人吸引至雙魚貓的身邊，但他們很難合拍。

儘管天秤座主人與雙魚貓共有的感受性拉近了雙方關係，但牠很難在這位自戀的主人身旁快活成長。

與天蠍座主人的相處不僅奇妙且密不可分，尤其是當他接納貓科動物的超感官能力時，例如進行轉桌子[38]（faire tourner les tables）……或是轉餐盤？

相反地，跟射手座主人的生活很煎熬，對牠來說這位主人太愛競賽、太好動。

一位會保護寵物和可靠的摩羯座主人容易令牠安心。

牠和寶瓶座主人磁場相吸，雖然他會稍微地催促並推動牠向前，但他懂得運用機智和正確的節奏做到這點。

對同個星座的寵物來說，雙魚座太過杞人憂天。

• 愛情歸宿

雙魚座－牡羊座：精神上的融洽，但毫無激情。

雙魚座－金牛座：關係穩定，貓丁興旺。

雙魚座－雙子座：無可期望或是遺憾。

雙魚座－巨蟹座：盲目、令人沉迷的愛情，蹦出一窩小貓。

雙魚座－獅子座：當獅子貓咆哮的時候，雙魚貓拔腿就跑。

雙魚座－處女座：瘋狂的愛，期待小貓的到來。

雙魚座－天秤座：愛與柔情蜜意的遊戲。

雙魚座－天蠍座：牠們嘗試玩在一起，或是吞噬對方。

雙魚座－射手座：爭吵不斷的組合……

雙魚座－摩羯座：相處和睦，這組配對可以期待。

雙魚座－寶瓶座：哪一方會讓對方受苦呢？不過也有些貓喜歡這種關係。

雙魚座－雙魚座：八竿子打不著，牠們盡其所能地彼此躲避。

38 譯註：轉桌子，英文為 table-tapping，或稱 table-turning，是一種通靈的方式：幾個人圍在桌子邊，慢慢唸出字母，當字母正確時，桌子便會傾斜，藉此拼出訊息，類似通靈板。

星座貓的雲上狂想

雖然水才是牠的元素，但雙魚貓不介意在空中兜風。經過無數小時的晴空後，終於來了幾片雨層雲。突然間，出現了老鼠形狀的小小雲朵！就這樣，牠毫不猶豫地踏上雲之國度！

- **牠的綿軟王座：**必須是一個極度惡劣磨人的天氣、一片能遊歷各方的雲朵，才符合雙魚貓的幻想。這片雲就像沙漠中的旅行車，在天空中延伸，像是「在纖維上留下的長長貓爪痕[39]」。一朵美麗、綿長、剛形成的卷雲[40]（cirrus），上面鋪著紫色的地毯——對優柔寡斷的雙魚座而言，這代表不明確和矛盾，以及樂癡的顏色！此刻，牠只聽著雷鬼音樂（reggae）。貓女（Catwoman）前來拜訪了幾天，牠向她介紹巴布·馬利[41]（Bob Marley）的音樂。《貓兒歷險記》（*Aristocats*）的杜洛斯（Toulouse）準備到來，但牠得先完成一幅畫。人們在派對上等著牠。

相關品種：土耳其梵貓

來自亞美尼亞高地、一個極寒地區，土耳其梵貓（Le Turc de Van）在寒冬中長出了非常厚的毛髮，在陽光明媚的日子裡像雪融般脫毛。牠有藍或綠色的眼睛，有時兩眼顏色相異，牠的性格跟狗相似。跟牠的友人孟加拉豹貓（見寶瓶座的章節，第167頁）一樣，牠喜歡玩水、洗澡，天氣熱的時候跳進水中，甚至在洗手槽裡睡覺……

無名之貓——當海王星與木星閒話貓常

一八六八年，十五歲的新日本天皇睦仁（Mutsuhito）即位，日本自此進入明治時代，首都從京都遷往江戶（東京）。日本文學經典——夏目漱石（Natsume Soseki）的《我是貓》，背景就是設定在那時瞬息萬變的社會中。

主人苦沙彌（Kushami）是個英國文學教師[42]（跟作者一樣），收養了堅持闖入他花園的棄貓，這隻動物百折不撓地收服了他：在牠出色直覺（海王星）的指引下，馬

39 《雲的理論》（*La Theorie des Nuages*），史岱凡．奧德紀（Stephane Audeguy），2015年。
40 譯註：在高空形成，有絲縷結構，柔絲般光澤，色白無暗影，多分離散亂。雲體常呈絲條狀、馬尾狀、鉤狀、片狀、砧狀等。
41 譯註：牙買加歌手，被譽為雷鬼音樂之父。
42 譯註：作者這裡寫英國文學教師，但日本原書是中學英語教師。

上知道自己將在這間房子、跟牠的宅男主人共築生活。雖然這隻貓沒有名字，但我們可得知牠的樣貌：「我的毛淺灰中帶點黃，有一身漆似的毛皮」。而小說的主角、這位有四條腿的敘述者，帶領我們進入牠的家以及主人的生活之中，牠對兩者的依戀，多麼具有雙魚座性格。以無名流浪貓的觀點（牠本質上更像觀眾而不是主角），猜中（具有經得起考驗的海王星直覺）現身在牠面前的人物性格，注意到他們可笑的怪癖。牠探索和研究世間——人類這個奇怪的事物，觀察和批評牠所身處的環境。雖然對周圍的人保持沉默，但對於牠的讀者來說，貓咪以其嘲諷和敏銳——尤其是幽默的視角，描繪了一個正走向現代化的日本社會。其中迷人而多采多姿的眾生相，以及當時所面臨的新社會議題：例如傳統與現代之間的對立、社交關係或是女性地位的改變（作者患有嚴重的神經衰弱，並有明顯的厭女情結）。在海王星和木星的星體影響下，這隻貓閒暇之餘便當起哲學家，跟在主人苦沙彌身邊，搖身變成受過教育和有教養的貓——牠讀索福克勒斯（Sophocle）和亞里士多德（Aristote）。甚至，偶爾讀到廢寢忘食的時候，還會賣弄起學問來。即使牠容易感到憤慨，也不會失去幽默感，好比牠決定扮演殺手、窺伺敵人——嚙齒動物的一天（牠其實未曾抓過老鼠），但最後結尾是牠從椅子上跌落，而且老鼠還跳到身上咬牠……事實上，牠唯一的敵人，是還在苦沙彌主人的花園當飢餓小貓時，那位追捕牠的女僕。這就是一本「把貓奉為圭臬」[43]，辛辣嘲諷明治末期日本社會的小說。

43 《貓的萬種風情》（*Le Chat dans tous ses états*），尚．路易．休（Jean-Louis Hue），1982年。

十二星座之最

貓咪大約三分之二的時間都在睡覺。在牠靜脈中循環的不是血液，而是浸泡的椴樹花茶。[46]

——尚－路易·休（Jean-Louis Hue）

總結來說，以下是針對十二星座最鮮明特點所做的摘要整理：

我們最厲害的是……

最具運動細胞：牡羊座、雙子座、獅子座、天蠍座、射手座

最善於交際：牡羊座、金牛座、巨蟹座、獅子座、天秤座、射手座、寶瓶座

最愛當「貓老大」：牡羊座、獅子座、射手座

最宅：金牛座巨蟹座、天秤座、摩羯座、雙魚座

最獨立：牡羊座、射手座、獅子座

最具佔有慾：牡羊座、金牛座、獅子座、天蠍座

最迷人、最多情、最自戀：金牛座、巨蟹座、獅子座、天秤座、天蠍座

最愛交流資訊：雙子座、獅子座、天蠍座、寶瓶座

44 譯註：睡前安定心神喝的花草茶。

最聰明、最有創造力：寶瓶座、處女座、雙子座

最具適應力：牡羊座、雙子座、射手座

最具高超手藝和冒險精神：牡羊座、雙子座、處女座、天蠍座、射手座、寶瓶座、雙魚座

最質樸或鄉野氣息：牡羊座、金牛座、雙子座、射手座、摩羯座

最敏感：巨蟹座、天秤座、天蠍座、寶瓶座、雙魚座

最神祕和心靈感應：天秤座、天蠍座、雙魚座、寶瓶座

最懶惰：金牛座、獅子座、天秤座、巨蟹座

最內向：巨蟹座、射手座、摩羯座、寶瓶座

最外向：牡羊座、射手座、獅子座

最忠貞不二：金牛座、巨蟹座、處女座、雙魚座

最像喜劇演員：雙子座、雙魚座

最喜歡音樂：巨蟹座、雙魚座

最健談：雙子座、處女座、寶瓶座

最具母性特質：牡羊座、巨蟹座

最需要穩定和安全感：金牛座、巨蟹座、處女座

我們最不厲害的是……

最不喜歡運動：巨蟹座、金牛座

最不愛宅在家：牡羊座、雙子座、射手座

最不喜歡冒險：天秤座、金牛座、寶瓶座

最缺乏母性特質：雙子座、摩羯座、寶瓶座

你的貓咪星盤

莫之致而至者，命也。

——孟子

什麼是星盤？

住家（maison）是用來接待貓咪的地方，也是牠生活的所在，而十二宮位（Maison）[45]構成了牠的本命盤。要製作牠的星盤，必須知道貓咪的出生日期和時間，這將幫助你設定好星盤、知道牠的上升星座，並探索落入十二宮位的行星。

上升星座是生物在誕生的時候，正好位在水平線上即將升起的星座。它提供了關於體格、外貌、遺傳和外在行為的訊息。上升決定了第一宮的起點，並由此展開由十二宮組成的星盤。

我把人類的特定數據因應貓科動物做調整[46]，提供十二個上升星座的分析、十二宮位以及落入的六顆行星（太陽、月亮、水星、金星、火星、木星）所代表的意義。

45 譯註：法文的 maison 本意是住宅、家，在占星術語指的是星盤的十二宮位，對應生活中的十二個領域。

46 必須根據不同品種貓的特性來解讀星盤資訊。

如何找出牠的上升星座？

幫你的貓咪計算上升點：

- 注意貓咪的出生日期和時間（盡可能地準確！）
- 參考下列表格確定牠出生日期所對應的恆星時間[47]。
- 把恆星時間加上牠的出生時間。
- 檢查牠是否在正常時間或夏令時間出生。如果你的貓在夏令時間出生，請把牠的出生時間減去一小時。
- 把全部總加起來，如果超過二十四小時，把數字再減去二十四小時；如果分鐘數超過六十分鐘，請減去六十分鐘後加上一小時。
- 參考上升星座的表格找出貓咪的上升星座。

47 譯註：以恆星為基準，使用地球自轉而測得之時間。

恆星時刻表

日期	一月	二月	三月	四月	五月	六月	七月	八月	九月	十月	十一月	十二月
1	06:36	08:37	10:32	12:35	14:32	16:35	18:34	20:36	22:38	00:36	02:38	4:37
2	06:39	08:41	10:36	12:39	14:36	16:42	18:37	20:40	22:42	00:40	02:42	4:41
3	06:43	08:45	10:39	12:43	14:40	16:46	18:41	20:44	22:46	00:44	02:46	04:45
4	06:47	08:49	10:43	12:47	14:44	16:50	18:45	20:49	22:51	00:48	02:50	04:50
5	06:51	08:53	10:47	12:51	14:48	16:54	18:48	20:54	22:54	00:54	02:54	04:53
6	06:55	08:57	10:51	12:54	14:52	16:58	18:53	20:56	22:58	00:56	02:58	04:56
7	07:00	09:01	10:55	12:57	14:56	17:02	18:57	20:59	23:02	01:00	03:02	05:00
8	07:03	09:05	11:00	13:01	15:00	17:06	19:01	21:03	23:06	01:05	03:08	05:04
9	07:07	09:09	11:04	13:06	15:04	17:10	19:04	21:07	23:10	01:09	03:12	05:09
10	07:17	09:19	11:14	13:14	15:09	17:15	19:11	21:12	23:14	01:14	03:15	05:13
11	07:16	09:22	11:17	13:17	15:17	17:23	19:12	21:15	23:17	01:18	03:18	05:14
12	07:20	09:23	11:18	13:20	15:20	17:26	19:14	21:16	23:18	01:21	03:21	05:17
13	07:22	09:25	11:20	13:21	15:23	17:29	19:18	21:19	23:22	01:22	03:23	05:20
14	07:25	09:28	11:23	13:24	15:24	17:30	19:22	21:22	23:25	01:25	03:27	05:23
15	07:28	09:33	11:26	13:27	15:27	17:33	19:27	21:26	23:29	01:29	03:31	05:27
16	07:34	09:41	11:32	13:32	15:30	17:36	19:30	21:32	23:34	01:32	03:35	05:33
17	07:37	09:43	11:35	13:36	15:35	17:41	19:33	21:36	23:38	01:36	03:40	05:37
18	07:42	09:46	11:41	13:42	15:38	17:44	19:38	21:41	23:42	01:40	03:43	05:40
19	07:46	09:50	11:44	13:46	15:44	17:50	19:42	21:44	23:46	01:44	03:47	05:45
20	07:51	09:53	11:47	13:49	15:48	17:54	19:46	21:48	23:50	01:48	03:50	05:49
21	07:54	09:57	11:53	13:51	15:51	17:57	19:52	21:55	23:57	01:55	03:57	05:56
22	07:59	09:59	12:00	13:57	15:53	17:59	19:57	22:00	23:59	02:00	04:02	06:00
23	08:03	10:03	12:04	14:01	15:59	18:05	20:01	22:03	00:05	02:03	04:05	06:04
24	08:07	10:08	12:07	14:06	16:03	18:09	20:06	22:07	00:09	02:06	04:09	06:08
25	08:11	10:13	12:08	14:10	16:08	18:14	20:09	22:11	00:13	02:11	04:13	06:12
26	08:15	10:17	12:10	14:14	16:12	18:18	20:14	22:15	00:17	02:16	04:18	06:17
27	08:19	10:21	12:14	14:18	16:16	18:22	20:17	22:19	00:22	02:19	04:21	06:20
28	08:23	10:25	12:20	14:22	16:20	18:26	20:22	22:23	00:26	02:23	04:25	06:23
29	08:26	10:29	12:23	14:26	16:24	18:30	20:25	22:26	00:29	02:27	04:29	06:27
30	08:30		12:26	14:29	16:28	18:33	20:29	22:30	00:34	02:32	04:33	06:31
31	08:34		12:30		16:31		20:33	22:35		02:36		06:35

上升星座表

對應星座	上升星座時間
獅子座	00:34 至 03:16
處女座	03:17 至 06:00
天秤座	06:01 至 08:43
天蠍座	08:44 至 11:25
射手座	11:26 至 13:53
摩羯座	13:54 至 15:42
寶瓶座	15:43 至 17:00
雙魚座	17:01 至 17:58
牡羊座	17:59 至 18:58
金牛座	18:59 至 20:17
雙子座	20:18 至 22:08
巨蟹座	22:09 至 00:33

恆星時間＋出生時間－夏令時間（有需要的話）＝上升星座時間

計算出你貓咪的上升星座後，便可依據牠的太陽星座獲取不同的意義。

上升與太陽十二星座貓組合

上升牡羊座的星座貓

牡羊貓：「體格」特別發達，有時很魯莽。

金牛貓：堅定、熱情，儘管表面上很平靜。

雙子貓：機智、衝動，也極度敏感。

巨蟹貓：性情反覆無常、喜歡討摸摸的貓。

獅子貓：散發耀眼的光芒！自發性強而且靜不下來。

處女貓：外表矜持，但必要的時就……

天秤貓：熱情迷人。

天蠍貓：個人主義，選擇性地待人處事。

射手座：自主、具冒險精神。

摩羯座：孤僻、冷淡，也獨立。

寶瓶貓：樂觀、活力充沛。

雙魚貓：對同類很有同理心，寬容。

上升金牛座的星座貓

牡羊貓：出於本能的衝動。
金牛貓：外表平靜而行動緩慢，非常頑強。
雙子貓：好奇心強、多變。
巨蟹貓：耐性十足。謹慎、具保護慾。
獅子貓：愛耍帥、喜劇演員，很討人喜歡。
處女貓：腳踏實地。保守而平和。
天秤貓：享樂主義者、善於交際、迷人。
天蠍貓：觀察者。拐彎抹角。
射手貓：移動性強又戀家的反差性格。
摩羯貓：腳踏實地。耐心、對舒適度很敏感。
寶瓶貓：對稍微有點瘋狂的事物都相當執著。

雙魚貓：隨和。容易適應。

上升雙子座的星座貓

牡羊貓：精力充沛、大膽。

金牛貓：充滿寧靜力量的小淘氣。

雙子貓：緊張大師、好奇心旺盛。

巨蟹貓：異想天開、不可預測。

獅子貓：充滿威嚴、風趣。

處女貓：觀察者、天性謹慎。

天秤貓：自動自發、長袖善舞、機靈。

天蠍貓：思慮縝密、積極。

射手貓：伺機而動。獨立，適應性強。

摩羯貓：矛盾的性格——疏離或黏人。

寶瓶貓：健談，非常愛參與話題。

雙魚貓：機靈、不可預測。

上升巨蠍座的星座貓

牡羊貓：敏感、大膽魯莽。

金牛貓：耐性十足，也是個大胃王。

雙子貓：好奇心強、貪玩、童心未泯。

巨蟹貓：溫柔、戀家、愛睡覺。

獅子貓：具保護慾、奉行個人主義。

處女貓：矜持、待人殷勤。

天秤貓：善於交際、迷人。

天蠍貓：謹慎，且有強大韌性。

射手貓：好奇心強、自動自發，炒熱氣氛的高手。

摩羯貓：冷淡、敏感與脆弱。

寶瓶貓：容易緊張，但隨和。

雙魚貓：敏感、愛幻想、童心未泯。

上升獅子座的星座貓

牡羊貓：熱情、韌性強、過動兒。

金牛貓：堅定、耐心、情感外放。

雙子貓：外向、無拘無束、神經質。

巨蟹貓：謹慎、溫和、敏感。

獅子貓：活力充沛、活潑、善於交際。

處女貓：不愛出風頭、謹慎、深思熟慮。

天秤貓：長袖善舞、不受拘束、纖細。

天蠍貓：情感外放、獨立獨行、具吸引力。

射手貓：好奇心強、具冒險精神、大膽魯莽。

摩羯貓：冷靜、多疑、孤僻。

寶瓶貓：佔有慾強、頑固、友善、熱情。

雙魚貓：大膽、外向、韌性強。

上升處女座的星座貓

牡羊貓：活力充沛和衝動。

金牛貓：固執、一絲不苟、討厭衝突。

雙子貓：適應力強、好奇心重、神經質卻也聰明。

巨蟹貓：謹慎、對壓力敏感。

獅子貓：警戒心強、具有韌性。傲嬌。

處女貓：緊張兮兮、吹毛求疵。高敏感族。

天秤貓：迷人、可愛，但可望而不可及。

天蠍貓：堅定不移、專制。愛挑釁。

射手貓：熱情、具冒險精神。

摩羯貓：莊嚴而高傲，如磐石般堅定。

寶瓶貓：怪咖、獨立。神經質。

雙魚貓：神祕而矜持，具有迷人的魅力。

上升天秤座的星座貓

牡羊貓：性格兩極化——充滿吸引力又愛惹事生非。
金牛貓：熱情、性感。
雙子貓：敏捷、善於交際和表達。
巨蟹貓：隱密、對周遭保持戒心。
獅子貓：以誘惑為第一優先。
處女貓：矜持、謹慎。
天秤貓：迷人、講究。
天蠍貓：善於交際也迷人，但排他性強。
射手貓：積極、進取、靈敏。
摩羯貓：謹慎、深思熟慮。
寶瓶貓：令人感到驚奇、有創造力。

雙魚貓：敏感、猶豫不決。

上升天蠍座的星座貓

牡羊貓：衝動、勇敢。

金牛貓：性感、佔有慾強且固執。

雙子貓：靈活、輕佻，但情緒化。

巨蟹貓：有魅力、容易接受新事物，防備心重。

獅子貓：精力充沛且情感外放，但一板一眼。

處女貓：謹慎、剖析入微。

天秤貓：好奇心強、善於交際。

天蠍貓：情緒化，情感時常大起大落。是個觀察者。

射手貓：過動、善於交際、狡猾。

摩羯貓：神祕、多疑又固執。

寶瓶貓：獨立、外向、個性積極。

雙魚貓：直覺力強、高度敏感。

上升射手座的星座貓

牡羊貓：好動、衝動、反應靈敏。

金牛貓：行動緩慢、謹慎，是個觀察者。

雙子貓：外向、好奇心強，十分有衝勁。

巨蟹貓：溫和、平靜、具保護慾。

獅子貓：精力充沛、大膽且熱情。

處女貓：適應性強、謹慎、充滿熱忱。

天秤貓：善於交際也樂於合作、外向。

天蠍貓：情緒化的怪咖、好奇心強。

射手貓：獨立又活力充沛、善於溝通。

摩羯貓：多疑，行動緩慢、好奇心強。

寶瓶貓：不受拘束、輕佻、不安定，卻也迷人。

雙魚貓：愛幻想、適應性強、善於交際但敏感。

上升摩羯座的星座貓

牡羊貓：衝動與耐心的對比性格。
金牛貓：堅若磐石，但也很頑固。
雙子貓：晝與夜的兩面性格——沉默寡言卻善於交際。
巨蟹貓：雖然看起來平靜、謹慎，實則情緒化。
獅子貓：綻放光芒與默默行事的對比性格。具責任感。
處女貓：謹慎、冷淡且超然。
天秤貓：事不關己與善於交際的矛盾性格。
天蠍貓：極度敏感、情緒化。
射手貓：靜不下來、熱情而友好。
摩羯貓：好沉思而孤僻。
寶瓶貓：難以接近、異想天開和充滿狂熱。

雙魚貓：超然物外，來自另一個星球。

上升寶瓶座的星座貓

牡羊貓：即興派、衝動且好動。
金牛貓：叛逆、佔有慾強。
雙子貓：特別愛玩，個性獨立。
巨蟹貓：害羞、謹慎到令人費解。
獅子貓：個人主義又大膽，具保護慾。
處女貓：活潑、神經質。
天秤貓：優雅卻輕佻、善於溝通。
天蠍貓：極端、喜好惹事生非。
射手貓：熱情、善於交際、好奇心強。
摩羯貓：謹慎也不愛出風頭。
寶瓶貓：怪咖、靈巧，喜歡探索體驗。

雙魚貓：迷人、不可預測。有時很古怪。

上升雙魚座的星座貓

牡羊貓：反應靈敏又衝動，但緊張兮兮。

金牛貓：直覺強且冷靜、健談。

雙子貓：靈活、不安定又神經質。

巨蟹貓：愛幻想、出於本能的敏感。

獅子貓：大膽、堅持不懈也不可預測。

處女貓：矜持的觀察者。

天秤貓：不受拘束、優柔寡斷，講求和諧的需求。

天蠍貓：情緒化、脆弱。

射手貓：外向、靜不下來。

摩羯貓：害羞、內向又內斂。

寶瓶貓：友善、憂鬱也迷人。

雙魚貓：矜持，但情緒多變。

十二宮位

計算出貓咪的上升星座，並且連結牠的太陽星座後，接著要討論組成星盤的十二宮位——貓科動物版本的含義。每個宮位都指出關於牠性格的某個面相，然後我們將研究落入宮位行星的意義。

- **第一宮：**上升星座。動物本身的性格。
- **第二宮：**牠的生活情況與環境。
- **第三宮：**牠的智力、生命中的變化與轉折。
- **第四宮：**牠的家庭、遺傳基因、生父母與品種。
- **第五宮：**牠對遊戲和愛情的喜好、繁衍和小孩。
- **第六宮：**牠的體質、健康與疾病。

- **第七宮：**牠和同族的關係、愛情與社交能力。
- **第八宮：**牠的危機、性慾、重生與心理的敏感度。
- **第九宮：**牠唯一的或是多個主人、生活的場所。
- **第十宮：**牠的地位、對周遭的人和在家裡的影響力。
- **第十一宮：**牠的親和力、打造幸福的天賦與家庭的和諧。
- **第十二宮：**牠的生命考驗與死亡。

行星

這裡將介紹落入十二宮位的六大行星之於貓咪的意義。我只將（十顆中）最接近太陽的六顆行星（太陽、月亮、水星、金星、火星與木星）納入考慮，以便停留在我們的主題範圍裡：對他者的瞭解、人與貓親密無間的關係（因此省略了土星、天王星、海王星和冥王星）。

• **太陽：**生命力、白晝、光芒、心臟、主導性、黃金。之於貓的意義：生活的經歷（或考驗）。

• **月亮：**女性、夜晚、食物、胃、水、人群、金錢。之於貓的意義：直覺、情緒化（或脆弱）。

• **水星：**思想、溝通、傳播、弟妹、水星。之於貓的意義：智力、移動性。適應性（或不穩定性）

• **金星：**感官慾望、藝術、美、嘴巴、靜脈、腎臟、誘惑。之於貓的意義：情感、生活的喜悅、社交能力（或各種類型的極端行為）。

• **火星：**行動、戰爭、頭部、開端、領導者。之於貓的意義：本能、侵略性、熱情、衝動（或破壞）。

• **木星：**指導、教導、豐實。之於貓的意義：幸運（或壞運）。

行星落入十二宮位的意義

太陽在十二宮位

- **第一宮：**體格強壯。有運氣和具吸引力。
- **第二宮：**有碰上「好」家庭的機會。
- **第三宮：**靈敏的智力。有賴上某個人，或挑選一個主人或一個家庭的傾向。
- **第四宮：**良好的遺傳基因，對家的眷戀、家貓。
- **第五宮：**喜歡玩樂、疼愛子女。
- **第六宮：**膽怯、躲在鎂光燈之外、對健康的保障。
- **第七宮：**與其他同種相處融洽、自帶光芒的貓咪、非常適合選美比賽。
- **第八宮：**存在感變得薄弱。
- **第九宮：**搬遷、心靈感應、與宇宙的和諧共處。
- **第十宮：**「家喻戶曉」的名聲或領導者的地位。跟在七宮一樣，對於美感是吉利的位置。

- **第十一宮：**強大的社交能力。
- **第十二宮：**對傷害的庇護。阻礙。

月亮在十二宮位

- **第一宮：**強大的情感、情緒反應強烈但被動。
- **第二宮：**舒適程度（或舒適感受）的提升、富裕、幸運。
- **第三宮：**好奇心、喜愛學習。被動也膽怯。
- **第四宮：**有好的男或女主人。戀家。
- **第五宮：**喜歡遊戲，跟孩子們的互動良好。
- **第六宮：**健康。年幼時可能很脆弱。
- **第七宮：**受周圍的人寵愛。有個很疼愛自家動物的主人。
- **第八宮：**翹家。童年困苦。
- **第九宮：**適應性強，喜歡冒險。搬遷。
- **第十宮：**命運。

• **第十一宮：**強大社交能力。性情古怪。

• **第十二宮：**可能遭遇考驗。

水星在十二宮位

• **第一宮：**整體智力的提升。適應性強。

• **第二宮：**重視食物，要留意體重。

• **第三宮：**強化性格和牠的潛力。有一副好嗓子。

• **第四宮：**有位掌握貓咪語言的主人。遷移。

• **第五宮：**善於技巧性的遊戲。也許有個書呆子的主人。

• **第六宮：**智力提升的另一個象徵、創造性。容易適應。

• **第七宮：**容易與其他貓相處融洽。有利於被領養。

• **第八宮：**激發求生本能。

• **第九宮：**具保護慾、敏捷，創造性。

• **第十宮：**讓自己「被聽見」的能力、領導者。

- **第十一宮**：吸引力、容易與人友好。
- **第十二宮**：敵人多。

金星在十二宮位

- **第一宮**：吸引力、生活的喜悅。
- **第二宮**：有利於被領養，以及擁有牠需要的主人。
- **第三宮**：對新事物接受度高。極度性感。和兄弟姊妹、同族相處和睦。
- **第四宮**：和諧的家庭。特別體貼的主人。
- **第五宮**：運氣。
- **第六宮**：提升身體的健康或是治癒率。有斷奶問題。
- **第七宮**：感受主人的溫暖，與他和諧相處。
- **第八宮**：增強性慾。痛苦的分離。
- **第九宮**：跨國收養或是遷徙。
- **第十宮**：公認的天才貓咪，在某些情況下會出名。

- **第十一宮：**有利於舒適的關係。受到庇佑。
- **第十二宮：**愛情和考驗密不可分，取決於不同面向。

火星在十二宮位

- **第一宮：**衝動具侵略性、好鬥成性。
- **第二宮：**愛爭吵、難以忍受同類。
- **第三宮：**熱情。容易有事故。難以跟同類分享牠的主人。
- **第四宮：**有可能遇上不適合的主人。
- **第五宮：**童年時期大膽莽撞，熱情投入自己的情感。
- **第六宮：**攻擊性。事故的風險。
- **第七宮：**逆境、競爭。可能有好幾位主人。
- **第八宮：**意外事故。好戰。
- **第九宮：**理想主義者。盲目的本能。
- **第十宮：**好鬥、貓幫老大。

• **第十一宮**：愛好運動。容易結交朋友、表露情誼。有時候是小霸王。

• **第十二宮**：考驗、引來敵意、危險。

木星在十二宮位

• **第一宮**：性情活潑而開朗。外向。

• **第二宮**：多麼美好的生活！一切都充滿了愛與和諧。

• **第三宮**：有豐富的才藝、學習天賦。

• **第四宮**：對主人的守護和忠誠。

• **第五宮**：喜愛遊戲，與孩子們相處融洽。

• **第六宮**：預防疾病。

• **第七宮**：有擇偶或是人類的運氣。

• **第八宮**：良好的遺傳基因。優良的品種。

• **第九宮**：隨和、容易適應變化。

• **第十宮**：在條件許可下，可能會擁有名氣，或是跟隨的崇拜者。

• **第十一宮：**容易跟同族分享或是釋出友好。

• **第十二宮：**在危機時刻受到庇佑。

月亮落在黃道十二宮

具有象徵代表的每隻動物，都是我們迷途心靈的一個指引。

——孟子

月亮掌管情緒、母親、家庭、本能、需要、陰性氣質、安全感、無意識、情緒與接受能力。

月球繞地球轉如同地球繞太陽轉一樣。它是陰性的，相對於太陽的陽性。我們的貓咪朋友，與月亮的循環及其象徵意義有緊密關係。若要說後者對人類的影響缺乏直接證據，另一方面來說，它們對潮汐、植物和動物的影響卻獲得了證實。因此，在新月的時候，我們的貓咪朋友更昏昏欲睡、懶洋洋、無精打采；而在滿月時，牠們更加興奮、緊張、易怒。

次頁收錄二〇二〇年十月至二〇二二年十二月的月相時間表。

月相時間表

滿月	2020 年 10 月 01 日	落在牡羊座
新月	2020 年 10 月 16 日	落在天秤座
滿月	2020 年 10 月 31 日	落在金牛座
新月	2020 年 11 月 15 日	落在天蠍座
滿月	2020 年 11 月 30 日	落在天秤座
新月	2020 年 12 月 14 日	落在射手座
滿月	2020 年 12 月 30 日	落在巨蟹座
新月	2021 年 01 月 13 日	落在摩羯座
滿月	2021 年 01 月 28 日	落在獅子座
新月	2021 年 02 月 11 日	落在寶瓶座
滿月	2021 年 02 月 27 日	落在處女座
新月	2021 年 03 月 13 日	落在雙魚座
滿月	2021 年 03 月 28 日	落在天秤座
新月	2021 年 04 月 12 日	落在牡羊座
滿月	2021 年 04 月 27 日	落在天蠍座
新月	2021 年 05 月 11 日	落在金牛座
滿月	2021 年 05 月 26 日	落在射手座
新月	2021 年 06 月 10 日	落在雙子座
滿月	2021 年 06 月 24 日	落在摩羯座
新月	2021 年 07 月 10 日	落在巨蟹座

滿月	2021 年 07 月 24 日	落在寶瓶座
新月	2021 年 08 月 08 日	落在獅子座
滿月	2021 年 08 月 22 日	落在寶瓶座
新月	2021 年 09 月 07 日	落在處女座
滿月	2021 年 09 月 21 日	落在巨蟹座
新月	2021 年 10 月 06 日	落在獅子座
滿月	2021 年 10 月 20 日	落在牡羊座
新月	2021 年 11 月 04 日	落在天蠍座
滿月	2021 年 11 月 19 日	落在金牛座
新月	2021 年 12 月 4 日	落在射手座
滿月	2021 年 12 月 19 日	落在雙子座
新月	2022 年 01 月 02 日	落在摩羯座
滿月	2022 年 01 月 17 日	落在巨蟹座
新月	2022 年 02 月 01 日	落在寶瓶座
滿月	2022 年 02 月 16 日	落在獅子座
新月	2022 年 03 月 02 日	落在雙魚座
滿月	2022 年 03 月 18 日	落在處女座
新月	2022 年 04 月 01 日	落在牡羊座
滿月	2022 年 04 月 16 日	落在天秤座
新月	2022 年 04 月 30 日	落在金牛座
滿月	2022 年 05 月 16 日	落在天蠍座

新月	2022 年 5 月 30 日	落在雙子座
滿月	2022 年 6 月 14 日	落在射手座
新月	2022 年 6 月 29 日	落在巨蟹座
滿月	2022 年 7 月 13 日	落在摩羯座
新月	2022 年 7 月 28 日	落在獅子座
滿月	2022 年 8 月 12 日	落在寶瓶座
新月	2022 年 8 月 27 日	落在處女座
滿月	2022 年 9 月 10 日	落在雙魚座
新月	2022 年 9 月 25 日	落在天秤座
滿月	2022 年 10 月 9 日	落在牡羊座
新月	2022 年 10 月 25 日	落在天蠍座
滿月	2022 年 11 月 8 日	落在金牛座
新月	2022 年 11 月 23 日	落在射手座
滿月	2022 年 12 月 8 日	落在雙子座
新月	2022 年 12 月 23 日	落在摩羯座

編注：若貓咪出生日期不在本表收錄範圍內，讀者可將日期換算為農曆；每月 1 日代表新月，每月 16 日代表滿月。而月亮所落入的星座，則可直接透過出生星盤查詢。

新月和滿月對星座的影響

牡羊座新月：對於萎靡不振或是沉思者，這是評估和準備的時刻……

牡羊座滿月：激發對愛情的傾向——充滿衝勁地談場戀愛！

金牛座新月：追求物質的享受。抱有一絲改變的希望。

金牛座滿月：反覆無常或是心有不滿，除非夢想成真。

雙子座新月：一切的溝通都暢行無阻，即便是為了抱怨。

雙子座滿月：牠們最祕密的願望將被實現。

巨蟹座新月：幸福以及圓滾滾的腿肚——特別是待在家人身邊時。

巨蟹座滿月：積極解決問題的時期，例如健康。

獅子座新月：智力極度退化、強烈的耍廢衝動。

獅子座滿月：對居高臨下的地位感到驕傲，要小心突然跌落谷底。

處女座新月：即使充滿善意，但無暇顧及旁人。傾向於左思右想，而不付諸實行。

處女座滿月：雖然有點緊張不安，但散發出正能量。心智狀態極佳。

天秤座新月：對同類的興趣與日俱增（或許過頭了）。

天秤座滿月：實現目標在望，有一些達成的機會。

天蠍座新月：惡夢大舉湧進靈魂之門，無可挽回的反作用力。

天蠍座滿月：長期的不滿足，但最終會過去的。

射手座新月：錦衣玉食的時期。飯來張口，茶來伸爪。

射手座滿月：會受到激怒。一點小事就不快，也愛唱反調。

摩羯座新月：付出了龐大努力，即使看不出來，但是事實明擺著。

摩羯座滿月：難以控管。會感應即將到來的變化。

寶瓶座新月：節奏緩慢，不過愛情需要被表達出來。

寶瓶座滿月：全然暴露狂和忝不知羞。天不怕地不怕！

雙魚座新月：富有想像力與感應能力。從未犯過的傻事，幾乎要走上極端。

雙魚座滿月：保持心靈與身體的平衡。

中華占星術

中國人在貓眼裡看時辰。

——夏爾·波特萊爾

我想談談越南的十二生肖，來作為對貓咪的一種友善致意。在這個單純以動物為代表的占星術中，存在「貓」的生肖，但由於一件愚蠢至極的事情，我們親愛的雄貓生肖，有時會變成一隻庸俗的兔子！故事說來話長，現在向你娓娓道來……

在傳說中，最初是新年之際，眾神之首的玉皇大帝——或另有一說是佛陀，召集凡間的所有動物，並將表彰前十二名赴會的動物。祂根據牠們抵達的順序，把從二月開始的陰曆年份（每年的確切日期有所不同），一個個分配給動物們，每個週期具有所屬動物的特性。以鼠為首，然後依序為牛、虎、貓、龍、蛇、馬、羊、猴、雞、狗、豬。

但在另一個傳說裡，在佛陀去世後，貓的好事被搞砸。當所有動物都聚集在祂的遺體身旁，貓襲擊了老鼠並殺死牠。於是乎，我們的貓咪朋友變得不受歡迎，遭到報復而被逐出中國的十二生肖，由一隻兔子取而代之；但在越南，貓成功拯救了自己的生肖排名。而中華占星術正是經由越南，才傳入法國。

中華占星術的每個生肖每十二年回歸一次。慶祝貓年的時間為：一九〇三年、一九一五年、一九二七年、一九三九年、一九五一年、一九六三年、一九七五年、一九八七年、一九九九年、二〇一一年，而接下來將是二〇二三年與二〇三五年等。

因此，為了向亞洲伸出友善的貓掌致意，我想把西方的十二星座套用於中華占星術的貓生肖，讓二〇一一年出生、本命屬貓的主子性格更立體迷人。（對於其他年份的貓就不好意思了，下個週期要等到二〇二三年！）

中華占星學中屬貓的生肖

在中華哲學中，陰代表女性的部分、黑夜、無意識；陽則代表陽剛、白晝、有意識。貓的生肖以陰性為主要特質。

在中華占星術裡，本命屬貓者有謹慎、低調或疏離的性格，敏感、伶俐、很少記仇；但同樣很容易被激怒，看起來嬌滴滴，以及有過分擔憂的傾向。

牠的性情

只要沒有阻礙的時候，一切都很美好。屬貓的貓試著適應變化或規避威脅，而不是突破自己的極限。因為從本質上來說，牠不喜歡衝突，並且盡可能高弓起背、虛張聲勢以避開危險，低吼哈氣來嚇唬敵人；而不是撲上前。正面對決不是牠的作風。

誠如你所知道的，牠不喜歡冒風險，偏好判讀情況並評估自己的機會。確實，假如剛巧有個膽大包天的同類衝過來，牠會看著這隻羔羊掉入自己的虎口。

生肖屬貓搭配西方的十二星座

- **你的貓咪生肖屬貓，星座為牡羊座：**這是個過動兒，擁有過人的精力。藉著植物向上運輸的水分、或一股清新之風的能量，牠把所有的興趣投入在嶄新的活動或人類身上，直到把自己搖身變為愛情黏皮糖的那一天為止。
- **你的貓咪生肖屬貓，星座為金牛座：**屬貓的生肖強化了戀家的一面，使牠變得更宜室宜家。牠只對溫暖的壁爐，或是很適合自己性感身形的友好熱水袋，產生眷戀之情或發出滿足的呼嚕聲。總之，舒適的享樂終結了牠的一切野心。
- **你的貓咪生肖屬貓，星座為雙子座：**牠在空地無比自在，四處蹦跳，通常身手敏捷而破壞力不高。這是個善於指揮、懂得自娛娛人的鬼靈精：牠們憑藉逗樂人的天賦，來施展魅力或避開危險，因此最好從小投資在牠的教育上。

- **你的貓咪生肖屬貓，星座為巨蟹座：**屬貓的生肖令牠有些內向，假如年幼時期就經歷過流浪生活，這種性格會更加明顯。這隻貓天性孤獨，隨著時間流逝，能適應更多的社交活動，而由於周遭人的溫暖，牠的承受度也會變高。
- **你的貓咪生肖屬貓，星座為獅子座：**儘管氣質出眾，但牠並未特別要求得到貓族首領的地位。因為首先，牠當然是一個莊嚴的沉思者，但不特別好鬥。嗯，除此之外，牠和其他所有的貓一樣：喜歡受人景仰。
- **你的貓咪生肖屬貓，星座為處女座：**貓生肖和處女座的結合，增強了牠對疾病的抵抗力，以及在四足生活中可能遇到的困境。此外，牠也非常靈巧地擺脫可能陷入的險境。
- **你的貓咪生肖屬貓，星座為天秤座：**儘管身材矮於平均值，但牠很健壯且耐受力十足。牠是飛簷走壁和平衡心靈的大師，但極度的敏感和女性化。牠性格多疑，寧願腳底抹油也不願面對敵人或者障礙。

- **你的貓咪生肖屬貓，星座為天蠍座：**牠沒有意識到，當自己以所有感官和不斷加劇的神祕力量接受訊息、變得興奮激狂的時候，牠強烈的目光是如此幽深如潭。牠監視你的時候，看似優雅而隨意；當牠逮住你時，不要輕舉妄動，否則牠會對你利爪相向。
- **你的貓咪生肖屬貓，星座為射手座：**天生相當自信，變化或危險對牠造成的干擾微乎其微。任何阻礙之於牠都是一個新鮮的遊戲，而本能驅使牠克服困難。因為這隻謹慎的貓也是最勇敢的星座。
- **你的貓咪生肖屬貓，星座為摩羯座：**這隻小心翼翼的貓防備心過強。有時帶著一股施虐的冷暴力。最關心的是自己的矜持，假如牠卸下心防，會保持含蓄、總是疏遠的樣子。牠很難盡情擁抱生活，對於發生及遭遇的事件冷眼旁觀。
- **你的貓咪生肖屬貓，星座為寶瓶座：**早熟而有天賦，這個動物有利他精神，喜歡照顧受苦的同類。此外牠也非常獨立，喜歡在沒有幫助或建議的情況下，自己進行實驗。牠的星球無疑是個光怪陸離的實驗國度。
- **你的貓咪生肖屬貓，星座為雙魚座：**牠極度愛交際的本性會很叨擾人。儘管這隻夢幻而焦慮的貓需求龐大，但在激發你的情感之前，可能會先為你帶來不便。話說回來，牠很容易適應新的事物。牠充滿狂想、具有原創力，按自己的心意行事。很滑稽或有趣。

埃及占星術

貓很幸運，黑暗不妨礙牠們閱讀。

——路易斯・斯庫奈爾[49]（Louis Scutenaire）

在埃及占星術中，也有貓的星座：芭絲特（Bastet），這是奉獻給守護神的十二星座之一。芭絲特掌管的時間為7月14日至28日、9月23日至27日，以及10月3日至17日。祂的代表顏色為：灰色和赭色。「……埃及文明創造了一個崇拜獅頭女神塞赫麥特（Sekhmet）的宗教。但獅子往往會吞噬那些餵食牠們的祭司，由於死亡人數過多，以至於埃及人創造了塞赫麥特的妹妹、一位貓頭女神，並將其命名為芭絲特。」於是誕生了夜間女神芭絲特，與掌管晝日的太陽神塞赫麥特相反。

芭絲特也與拉神（Ra）有關：她與阻止太陽星體運行的阿波菲斯（Apophis）展開對抗，這象徵著白天與黑夜的戰爭。在描繪的故事中，芭絲特在一次夜間旅程，以祂爪中的一把刀子，砍斷了太陽神的敵人——巨蛇的頭。

在埃及、這個被認為是貓咪的搖籃國度，神明化身動物來躲避敵人的現象，說明了埃及人崇拜動物的理由。在打贏勝仗後，他們會把四條腿的救世主神聖化。

48 譯註：比利時超現實主義作家暨詩人。

希羅多德[49]（Hérodote）講述了貓的葬禮，主人會剃光自己的眉毛。而貓會被施以防腐處理，就像對待人類一樣，接著埋葬在貓的墓地或布巴斯提斯[50]（Bubastis）的墓地——位於今日距離開羅八十公里的塔勒拜斯泰（Tell Basta）。在每年四月底登場廣受歡迎的節日，成千上萬的人會乘船抵達此地朝聖，紀念貓頭女神。

芭絲特的星座

芭絲特是人類的恩人和保護者。這位迷人的貓頭女神體現了理想女性的形象，祂是女性的守護者，也是其象徵，如同母子一般。擁有激發愛和肉體力量的能力。

芭絲特掌管住家，象徵著喜樂、人類和母性的溫暖。

芭絲特的性格是以貓的敏捷和靈活度為依據。當貓咪落入芭絲特的星座時，牠也可能反過來顯得害羞和猶豫不決。跟中華占星術的貓生肖一樣，落入芭絲特星座的貓很容易適應，並試圖迴避對決。牠獨立又神祕，是可靠而忠實的朋友，也很少記恨。

49 譯註：原文誤植成希律王（Hérod），應為希臘史家希羅多德。

50 譯註：一座古埃及城市。

結語

親愛的愛貓女子和男子們、親愛的養貓老手們、親愛的男女讀者們，我希望本書令你們感到有趣、吸引或說服你們，又或者讓你們浮想聯翩。我希望本書的建議再一次強化了你們之間的連結度、拓展你們對另一方的瞭解與擴大交流，並在小巧迷人動物和你之間，開闢出嶄新的視野。何樂而不為呢？

來自鼻尖的問候[51]

51 譯註：原文為Chatmicalement，是「貓」（chat）和信末問候語「友好的問候」（amicalement）的組合，即「來自貓的友善問候」。這裡以貓咪常用的蹭鼻子打招呼方式作譯。